# Votre enfant à la maternelle

## Que fait-il ? Comment l'accompagner ?

**Par les auteurs du site www.lesclefsdelecole.com**

Johanna Jacobi, Agnès Quattrone
Sous la direction d'Angélique Motte

CANOPÉ ÉDITIONS

playBac

# Sommaire

Réseau Canopé - Téléport 1, bât. @4 - 1, avenue du Futuroscope - CS 80158 - 86961 Futuroscope Cedex
ISBN : 978-2-240-04021-3
Réf. : 755D0230
www.reseau-canope.fr

Éditions Play Bac 14 bis, rue des Minimes, 75003 Paris, France
ISBN : 978-2-809-65537-7
www.playbac.fr

# Préface

Votre enfant entre à l'école maternelle : c'est un grand événement familial qui marque également ses débuts dans l'apprentissage du « métier » d'élève.

L'école maternelle a pour mission principale de donner envie à votre enfant d'aller à l'école pour vivre et apprendre avec d'autres enfants. Elle joue un rôle essentiel dans sa scolarité, car elle va installer les premiers apprentissages déterminants pour la suite de son parcours.

Les enseignants de l'école maternelle accueillent votre enfant avec bienveillance, dans le respect de sa personnalité. Ces années à l'école maternelle marquent également le début d'échanges privilégiés avec les professeur(e)s.

L'objectif de ce guide est de vous aider à comprendre le fonctionnement de l'école et les contenus du nouveau programme de la maternelle. Vous y trouverez des clés d'information, des conseils et des idées d'activités à réaliser avec votre enfant à la maison.

*Votre enfant à la maternelle* a été rédigé par l'équipe d'enseignants du site Les Clefs de l'école[1], en partenariat avec Canopé, réseau de création et d'accompagnement pédagogiques, et les éditions Play Bac, créatrices des *Incollables*.

Bonne lecture et profitez bien avec votre enfant de ses premières années à l'école !

---

[1] *www.lesclefsdelecole.com : un site pragmatique, destiné aux parents, qui leur explique pas à pas le programme scolaire de leurs enfants et leur donne des conseils d'accompagnement.*

# Qu'est-ce que l'école maternelle ?

## Chapitre 1

# QU'EST-CE QUE L'ÉCOLE MATERNELLE ?

## L'ÉCOLE MATERNELLE : UN CYCLE UNIQUE, FONDAMENTAL POUR LA RÉUSSITE DE TOUS

En France, la scolarité n'est obligatoire qu'à partir de six ans. Dans les faits, plus de 90 % des enfants de trois à cinq ans sont inscrits à l'école maternelle. Cette école fait partie de l'école primaire, qui est partagée en trois cycles : le Cycle 1 correspond aux trois ou quatre années de maternelle[1] (la petite section, la moyenne section et la grande section). L'école maternelle prépare les enfants à ce qu'ils découvriront durant le cycle des apprentissages fondamentaux, également appelé « Cycle 2 » (CP-CE1-CE2).

La mission première de l'école maternelle est de donner envie à votre enfant d'aller à l'école ! Aller à l'école pour apprendre, pour apprendre à vivre avec d'autres enfants, pour développer la confiance en soi et ainsi épanouir sa personnalité. L'école maternelle est **une école bienveillante**. Elle pose le principe que tous les enfants sont capables d'**apprendre** et de **progresser**.

À l'école, les classes sont normalement constituées en fonction de l'effectif total de l'école et de la répartition des enfants par tranche d'âge. Il se peut cependant que votre enfant soit scolarisé dans une classe à plusieurs niveaux, par exemple des élèves de petite section avec des élèves de grande section. Dans tous les cas, l'enseignant propose des activités spécifiques à chaque niveau pour respecter le rythme des apprentissages.

### Une clé en plus

*À l'école maternelle, la durée hebdomadaire des apprentissages est de vingt quatre heures. Dès lors que vous avez inscrit votre enfant à l'école, il devra être présent tous les jours. Parfois, pour faciliter l'adaptation des petits à l'école, des aménagements sont possibles les premières semaines de la petite section ; certains enfants ne viennent par exemple que le matin.*

---

[1] *La scolarisation des enfants de moins de 3 ans est possible quand cela répond à des besoins spécifiques d'un enfant et est compatible avec le contexte local. http://www.education.gouv.fr/pid285/bulletin_officiel.html?cid_bo=66627*

Le nouveau programme de l'école maternelle repose sur trois spécificités :
- s'adapter aux jeunes enfants : l'école maternelle tient compte de ce qu'ils ont déjà vécu, de leur développement, et elle entretient des liens étroits avec les familles ;
- permettre aux enfants d'apprendre avec des méthodes adaptées à leur jeune âge ;
- permettre aux enfants d'apprendre ensemble et de **vivre ensemble**.

## UNE ÉCOLE QUI S'ADAPTE AUX JEUNES ENFANTS

### UNE ÉCOLE QUI ACCOMPAGNE LES CHANGEMENTS VÉCUS PAR LES ENFANTS

En entrant en maternelle, votre enfant va vivre beaucoup de changements. Aussi l'école essaye-t-elle de faciliter l'arrivée des enfants en créant parfois des liens avec les crèches qu'ils ont fréquentées : des visites de l'école peuvent être organisées pour former des « passerelles » entre les crèches, les familles et les futurs élèves.

#### Une clé en plus

*Vous devez aller à la mairie pour inscrire votre enfant à l'école maternelle dont il dépend (celle la plus proche de votre logement). Vous devez ensuite prendre rendez-vous avec le directeur ou la directrice de l'école maternelle pour procéder à l'admission de votre enfant. Vous aurez des documents particuliers à lui fournir (livret de famille, carnet de vaccination...). Une visite de l'école est généralement prévue pour que votre enfant découvre ce nouvel espace.*

Au cours de la journée d'école, votre enfant va souvent changer de lieu, rencontrer des adultes différents qui vont s'occuper de lui pendant le temps de classe mais aussi pendant les temps périscolaires (garderie, cantine...).

Dans une même journée, les enfants sont pris en charge par d'autres adultes que l'enseignant. Ainsi, durant les activités périscolaires (cantine, garderie du matin et du soir), ce sont des animateurs ou des employés municipaux qui s'occupent d'eux. Ces derniers dépendent de la mairie.

Les enfants peuvent également faire une activité particulière avec un autre maître ou une autre maîtresse de l'école (ce qu'on appelle un « décloisonnement »). Enfin, au cours de la journée, ils sont accompagnés par **les ATSEM**, agents territoriaux spécialisés des écoles maternelles, recrutés par la mairie. En fait, ce sont des « assistantes » (il y a très peu d'hommes dans cette profession, mais il y en a !) qui aident les enseignants. Ils s'occupent de l'hygiène des enfants (accompagnement aux toilettes, aide en cas d'« accident pipi »...), encadrent certaines activités organisées par l'enseignant et accompagnent la classe lors des sorties. Ils sont également chargés d'une partie du ménage de la classe et de l'école. Leur rôle est essentiel pour les enseignants et pour les élèves et, malheureusement, beaucoup d'écoles n'ont pas la chance de bénéficier d'un ATSEM par classe.

## Une clé en plus

*La cantine et même les récréations sont autant de moments d'apprentissages collectifs. À la cantine, les enfants assimilent les règles de politesse, acceptent peu à peu de goûter des aliments qu'ils ne connaissent pas et peuvent partager un moment de discussion avec leurs camarades. En récréation, ils apprennent à partager les jeux de la cour, à se répartir des rôles dans leurs jeux d'imitation (toi tu es le papa, moi je suis le bébé...), à gérer des conflits, à respecter les autres enfants (par exemple en faisant attention à ne pas heurter un autre enfant en faisant du vélo). Ils peuvent continuer à y développer leurs capacités motrices en courant, en grimpant, en sautant, en faisant du vélo... Si la cour présente des espaces de verdure ou un jardin, les enfants peuvent aussi y faire des observations sur les plantes et les petits animaux.*

Durant ses trois ou quatre années d'école maternelle, l'enfant découvrira différentes façons de travailler : en groupe-classe, en atelier avec quelques camarades ou seul. Il sera également amené à travailler dans des lieux différents : dans la classe, dans la salle de motricité, à la bibliothèque, etc.

Les enseignants font en sorte que tous ces changements se mettent en place progressivement en accompagnant chaque nouveauté d'un temps de découverte et d'explication.

À la fin de l'école maternelle, les enseignants font en sorte de faciliter **le lien avec l'élémentaire**. En grande section, les élèves peuvent participer à des projets avec les élèves de CP : partager des moments de lecture, de jeux, des sorties, etc. Ils sont souvent invités à aller visiter la classe de CP, à y passer un moment, à poser des questions aux élèves et à rencontrer leurs futurs professeurs.

En parallèle, l'enseignant habitue peu à peu ses élèves à faire des activités plus longues, à être plus autonomes, à se concentrer plus longtemps...

Enfin, des réunions entre enseignants de grande section et de CP sont organisées en fin d'année afin qu'ils échangent sur leurs élèves avant la rentrée.

Votre enfant comprendra peu à peu qu'il y a d'une part un temps « scolaire », sous la responsabilité des enseignants, et d'autre part un temps « périscolaire », sous la responsabilité des animateurs employés par les communes. L'enseignant propose parfois un emploi du temps très simple avec un code couleur (une couleur pour le scolaire, une couleur pour le périscolaire) et rappelle tous les jours, à chaque changement : « Maintenant, l'école est terminée, c'est l'heure des activités avec les animateurs. »

## UNE ÉCOLE QUI TIENT COMPTE DU DÉVELOPPEMENT DE CHAQUE ENFANT

### L'enseignant prend en compte les différents niveaux de maturité

Les enfants accueillis à l'école maternelle ont tous **des niveaux de maturité, de langage et de socialisation** (leurs rapports avec les autres enfants) différents. Les différences sont très marquées à cet âge-là. L'enseignant en maternelle adapte ce qu'il demande aux élèves en prenant en compte ces différences. Il essaye de faire progresser chaque enfant en s'appuyant sur ce qu'il sait déjà faire.

Ainsi, en début de grande section, certains élèves sont capables d'écrire en « attaché » (ce que l'enseignant appelle en « cursive »), alors que d'autres ont encore du mal à écrire leur prénom en lettres capitales sans se tromper et en traçant correctement les lettres, ce qui est tout à fait normal, car chaque enfant progresse à son rythme !

## Une clé en plus

**Le réseau d'aides spécialisées aux élèves en difficulté (RASED)[2]**

Ne vous inquiétez pas si l'enseignant vous parle du RASED pour votre enfant : cela ne signifie pas qu'il a de graves problèmes mais que l'enseignant a repéré une difficulté et souhaite faire appel aux enseignants spécialisés qui peuvent intervenir pour l'aider. Ils peuvent alors le conseiller sur les façons de gérer cette difficulté dans la classe.

Les enseignants du RASED jouent un rôle important dans le suivi des élèves. Il s'agit d'un groupe d'enseignants qui ont suivi une formation particulière supplémentaire pour mieux repérer les difficultés des élèves et leur proposer une aide adaptée. Tout au long de l'année, ils peuvent participer aux réunions de l'équipe éducative.

Dans un réseau, il y a normalement un « maître E », un « maître G », et un psychologue scolaire.

- Le « maître E » est spécialisé dans les difficultés d'apprentissage. Par exemple, si un élève n'arrive pas à compter, s'il ne comprend pas malgré les aides proposées en classe, l'enseignant peut contacter le « maître E » qui prend alors en charge cet élève une ou deux fois par semaine pendant une heure, avec un petit groupe d'élèves, pour travailler ce problème-là. Il peut intervenir avec l'enseignant, dans la classe ou en dehors.

- Le « maître G », lui, intervient lorsqu'il y a des difficultés comportementales. Par exemple, il peut aider un élève très renfermé et qui manque vraiment de confiance en lui, ou un enfant qui gère très mal ses émotions et qui est bloqué dans ses apprentissages. Il travaille généralement avec un petit groupe d'élèves, comme le « maître E ».

- Le psychologue scolaire peut venir observer un élève pendant la classe. Il peut faire des petits tests pour évaluer ses difficultés et rencontrer les parents pour les conseiller, mais il ne fait pas le suivi thérapeutique d'un élève.

---

[2] http://www.education.gouv.fr/cid24444/les-reseaux-d-aides-specialisees-aux-eleves-en-difficulte-rased.html
http://www.education.gouv.fr/pid285/bulletin_officiel.html?cid_bo=66627

## L'espace de la classe est adapté aux jeunes enfants

Dans une classe maternelle, l'espace est souvent organisé entre le coin regroupement, le coin dînette, le coin bibliothèque, le coin peinture, le coin jeux de construction, le coin écriture... Chaque « coin » ou atelier permet aux enfants de manipuler, d'essayer, de jouer, d'apprendre...

L'attention portée à l'organisation des différents espaces de la classe et des autres lieux de vie de l'école (la cour, le préau, le dortoir...) favorise la prise de repères et permet de répondre aux besoins des enfants de bouger, de jouer et d'entrer en relation avec les autres. Elle permet également de répondre à **leurs besoins** physiologiques et d'hygiène (aller aux toilettes, se laver les mains, se reposer, boire...) et de **sécurité** (le mobilier et les jeux ne présentent aucun danger pour eux, les enfants ne restent jamais sans la surveillance d'un adulte, il y a des règles de sécurité à suivre pour se déplacer, jouer dans la cour...).

L'organisation de l'espace adaptée aux enfants permet aussi de développer **leur autonomie** : les meubles sont accessibles aux petits, ils peuvent prendre et ranger tout seuls du matériel ; les lavabos et toilettes sont à leur taille pour qu'ils les utilisent seuls, etc.

## À la maison

*Pour rendre votre enfant autonome à l'école comme à la maison, donnez-lui l'habitude d'aller aux toilettes avant de partir en promenade ou d'aller faire des courses. Apprenez-lui aussi dès que possible à se moucher tout seul, à s'essuyer aux toilettes, à s'habiller... Comme cela, à l'école, il sera beaucoup plus autonome et sera très fier de « savoir faire » tout seul sans avoir besoin de toujours demander de l'aide à un adulte.*

*Il est vraiment important que votre enfant soit habillé de manière confortable car, à l'école, il bougera beaucoup toute la journée. Le mieux, ce sont des habits faciles à enlever et à enfiler : pantalon à taille élastique, chaussures sans lacets...*

**L'organisation du temps occupe une place importante à l'école maternelle**

Un enfant de trois ans assis à une table ne peut pas se concentrer sur une tâche aussi longtemps qu'un enfant de cinq ans. La durée du temps de travail ainsi que les nécessaires temps de repos varient au cours de l'année. Dans une même journée, l'enseignant met en place de nombreuses activités dont il fait varier la durée et le niveau de concentration demandé. Elles se déroulent dans **des espaces différents**. L'enfant peut agir assis, debout, en mouvement... Les élèves vivent donc **des temps très différents** : travail d'écriture à une table, moment de jeu libre, travail en groupe, manipulation libre, travail guidé...

## UNE ÉCOLE QUI ÉVALUE DE FAÇON POSITIVE

À l'école maternelle, il n'y a pas de notes, mais l'enseignant doit « évaluer » les apprentissages et les progrès de ses élèves, c'est-à-dire qu'il doit savoir où en est chaque enfant dans ses apprentissages. Il va donc les observer, être attentif à ce qu'ils disent et à leur façon de se comporter. Il prend des notes d'observation et garde des traces (dessins, essais d'écriture, photos des constructions, etc.) de ce que produisent les enfants pour suivre leur progression.

Ce qui est important pour l'enseignant, c'est de savoir à quel stade en est l'élève par rapport à un apprentissage donné : est-ce qu'il sait le faire tout seul ? Est-ce qu'il y arrive avec un peu d'aide ? Avec beaucoup d'aide ? Est-ce qu'il n'y arrive pas encore ? De cette façon, il peut proposer des travaux adaptés pour accompagner au mieux son élève.

L'enseignant montre régulièrement à l'élève **les progrès** que celui-ci a faits. Il lui fait comprendre que la progression et le chemin parcouru sont plus importants que le résultat lui-même. Par exemple, il peut lui montrer les dessins qu'il faisait au tout début de l'année (des « gribouillages » en début de petite section) et lui faire remarquer que, désormais, ses dessins ont beaucoup changé : il dessine bien au milieu de la feuille ou il représente « quelque chose » !

La forme prise par l'évaluation à l'école maternelle est décidée par l'équipe de l'école, qui décide de sa teneur et de sa nature. Pour qu'elle soit compréhensible par les parents, les enseignants les informent sur les modalités d'évaluation. Régulièrement, les parents sont informés des progrès de leur enfant par l'intermédiaire d'un carnet de suivi des apprentissages et/ou par des entretiens individuels avec l'enseignant. À l'issue du Cycle 1, une synthèse des acquis est remise aux parents et au directeur de l'école. Elle indique les points acquis par l'enfant et ceux qu'il reste à améliorer.

Vous trouverez, à chaque fin de partie de cet ouvrage, sous forme de liste non hiérarchique, les attendus officiels du programme[3] à atteindre en fin d'école maternelle, c'est-à-dire les compétences à acquérir progressivement au cours du Cycle 1.

## UNE ÉCOLE QUI ACCUEILLE LES ENFANTS ET LEURS PARENTS

À la maternelle, la bonne entente entre les parents et l'enseignant est très importante pour que l'enfant se sente bien et puisse entrer progressivement dans son « rôle d'élève ». **La confiance** et **le respect** sont la base de cette relation. École et parents doivent communiquer le plus clairement possible et instaurer un dialogue en bonne intelligence dans l'intérêt des enfants.

---

[3] *http://www.legifrance.gouv.fr/affichTexte.do?cidTexte=JORFTEXT000031742283&dateTexte=&categorieLien=id*

### Une clé en plus

*En maternelle, si votre enfant ne va pas à la garderie ou au centre de loisirs, vous verrez l'enseignant tous les jours puisque l'accueil a lieu généralement dans la classe. Vous pourrez échanger quelques mots à ce moment-là. Il est préférable de prendre un rendez-vous pour un entretien individuel.*

*Si votre enfant vous parle d'un souci qu'il rencontre à l'école, n'hésitez pas à en parler à l'enseignant. En effet, il est parfois difficile de se faire une idée de l'ampleur du problème quand un enfant le raconte ; il dramatise parfois de petits détails. Soyez vigilant, car il peut à l'inverse passer sous silence certaines contrariétés. Les échanges réguliers avec l'enseignant sont donc très importants.*

Les premiers jours d'école, un enfant peut avoir beaucoup de mal à quitter ses parents le matin ; cette période peut se poursuivre plus ou moins longtemps... L'enseignant et l'ATSEM essayent alors d'être plus disponibles pour les enfants qui en ont particulièrement besoin.

### Une clé en plus

*Pour faciliter l'entrée à l'école le matin, essayez d'arriver un peu avant la fermeture des portes. Vous pourrez ainsi profiter d'un petit moment avec votre enfant, dans sa classe, pour regarder ce qui est accroché au tableau ou aux murs, lire des informations, l'aider à commencer un dessin, lire un livre avec lui ou l'installer à une activité qu'il continuera tout seul après votre départ.*

*Pensez cependant à ne pas trop vous attarder car cela peut rendre la séparation plus difficile... Vous trouverez vous-même la meilleure solution, et l'enseignant saura vous conseiller pour trouver le bon équilibre et vous guider pour faciliter l'entrée en classe de votre enfant.*

Durant les années de maternelle, **une communication régulière** est entretenue avec les familles. En plus des documents d'information distribués aux parents (règlement de l'école, livret d'accueil...), cette communication se concrétise par des réunions entre l'équipe éducative et les parents : rendez-vous, réunions de classe, comptes rendus de conseils d'école[4].

**Le conseil d'école** prend les grandes décisions de la vie de l'école. Il vote le règlement intérieur, adopte le projet de l'école, donne son avis sur le fonctionnement de l'établissement, etc. Il est composé au minimum du directeur de l'école, de l'ensemble des enseignants, et des représentants élus des parents d'élèves. D'autres membres sont invités : l'inspecteur de l'Éducation nationale dont dépend l'école, le maire ou un de ses représentants ainsi que le délégué départemental de l'Éducation nationale sont membres de droit. Le conseil est constitué pour une année et se réunit au moins une fois par trimestre. Tous les membres du conseil d'école sont invités à chaque fois. Ils peuvent être excusés en fonction de leurs obligations.

## UNE ÉCOLE QUI ADAPTE LES CONDITIONS D'APPRENTISSAGE

En maternelle, l'enseignant ne fait pas de cours magistraux ! **Le jeune enfant apprend avant tout par le jeu**, par la manipulation d'objets et par des activités basées sur la gestuelle (par exemple, il retient mieux une comptine quand des gestes sont associés aux paroles). Le langage est la clé de tous les apprentissages. Il joue un rôle essentiel pour acquérir des connaissances car il permet de décrire, d'expliquer et de comprendre.

Par ailleurs, pour que les élèves progressent, l'enseignant favorise des activités variées en petits groupes en fonction de l'apprentissage à acquérir, de l'enfant et du moment. Il organise également de nombreuses situations de jeux pour apprendre et propose aux élèves des situations ou petits « scénarios » motivants comportant des problèmes à résoudre pour les entraîner à se questionner. L'apprentissage passe la plupart du temps par de nombreuses activités organisées en temps de découverte, d'exploration puis d'entraînement. D'autres activités permettent de réactiver les nouveaux apprentissages pour mieux les mémoriser.

---

[4] *Des informations sur le conseil d'école sur :*
*http://vosdroits.service-public.fr/particuliers/F1399.xhtml*
*http://vosdroits.service-public.fr/particuliers/F1880.xhtml*

## Apprendre en jouant

Il existe plusieurs types de jeux qui ont chacun leur importance dans le développement de l'enfant :

- des jeux symboliques : l'enfant « fait semblant » de jouer à cuisiner, à s'occuper d'un bébé, au garage… ;
- des jeux de manipulation (visser et dévisser des écrous sur des vis…) ;
- des jeux de construction avec des pièces en bois, des cubes, etc. ;
- des jeux collectifs où les enfants jouent tous ensemble ou en équipe (chat perché, les balles brûlantes…) ;
- des jeux de société (jeux des 7 familles, jeux de plateau comme les petits chevaux…) ;
- des jeux qui peuvent être inventés ou fabriqués par les élèves avec l'aide de l'enseignant, en lien avec un sujet travaillé en classe.

En jouant, votre enfant apprend spontanément et inconsciemment, car il est pris par **le plaisir qu'il éprouve à jouer**. Le rôle de l'enseignant sera de lui faire prendre conscience peu à peu de ce qu'il est en train d'apprendre sans s'en rendre compte : compter et se déplacer en jouant aux petits chevaux, par exemple.

Les jeux sont donc très utilisés dans tous les domaines du programme de l'école maternelle. Ils permettent de développer le langage, l'imaginaire, les relations entre les enfants, le respect des règles, l'autonomie, le sens de l'observation et la réflexion.

Les jeux sont organisés de façon plus ou moins libre selon ce que veut faire « travailler » l'enseignant. Ainsi, avec un jeu de construction, l'enseignant peut demander à ses élèves d'inventer des constructions en donnant une consigne très libre, sans expliquer comment les pièces « s'attachent » les unes aux autres. Dans ce jeu-là, les enfants travaillent alors **leur imaginaire, leur réflexion et leur sens pratique**. En observant les pièces du jeu et en faisant des essais, ils trouveront comment les assembler correctement.

Avec le même matériel, l'enseignant peut demander aux élèves de suivre une fiche de construction ou un modèle à reproduire. Ils apprennent alors à utiliser des nombres, à comprendre un schéma, à respecter des consignes dans un ordre précis.

## À la maison

*Tous les enfants ont un besoin naturel de jouer ! À la maison, n'hésitez pas à consacrer du temps à votre enfant pour jouer avec lui. Privilégiez les jeux de société et les jeux de construction plutôt que les jeux vidéo. Laissez à votre enfant du temps libre pour jouer à des jeux d'imagination, d'imitation. Pour cela, pas besoin de jeux très sophistiqués : un carton devient un château, un morceau de tissu, un déguisement... Laissez-le inventer, c'est justement ainsi qu'il développera son imaginaire et sa créativité !*

### Apprendre en résolvant des problèmes

Pour que **les élèves s'interrogent et réfléchissent**, l'enseignant les met régulièrement face à des situations qui nécessitent de résoudre un problème. Quand un élève a une difficulté, l'enseignant le guide en le questionnant pour l'aider à trouver une solution plutôt que de lui donner une réponse toute faite ou de l'aider directement.

Les élèves comparent la situation proposée par l'enseignant avec celles qu'ils ont déjà rencontrées. Ils imaginent des possibilités puis testent ce qu'ils ont envisagé pour voir si c'est réalisable ou pas. Ce sont des activités très importantes pour que **les enfants deviennent autonomes** dans leur réflexion, pour qu'ils apprennent à penser par eux-mêmes en utilisant leurs propres ressources pour tenter de trouver une réponse. Ils sont ainsi placés en situation d'action au lieu d'attendre passivement l'aide d'un adulte ou d'un camarade pour trouver la réponse. Plus ils s'habituent à cette dynamique de réflexion, plus ils sont efficaces !

Voici des exemples de problèmes que l'enseignant peut poser à ses élèves : « Il faut vider l'eau de ce bac, comment va-t-on faire ? », « Comment fait-on pour construire une tour haute qui ne s'effondre pas ? », « À quoi peut bien servir cet objet ? ».

## À la maison

*À la maison aussi, essayez de ne pas toujours donner immédiatement des réponses ou des solutions toutes faites à votre enfant quand il s'interroge ou qu'il a un petit problème. Incitez-le plutôt par votre questionnement à dire ce qu'il pense de la situation. Essayez de lui poser des questions « ouvertes », c'est-à-dire des questions auxquelles il devra répondre par autre chose que « oui » ou « non », cela l'aidera à réfléchir : « Comment pourrais-tu faire ? », « De quoi aurais-tu besoin pour faire ça ? », « Qu'est-ce que tu en penses, toi ? », etc.*

### Apprendre en s'exerçant

Votre enfant a besoin de répéter de nombreuses fois la même activité pour apprendre et assimiler un nouvel apprentissage. Souvent, au début, il arrive à faire quelque chose un jour et, le lendemain, il n'y arrive plus (pensez à ses premiers essais pour marcher !). Parfois, il peut sembler ne pas progresser pendant un long moment, puis, un jour, « d'un seul coup », il sait faire ! En fait, son esprit a besoin de **temps** et de **nombreux essais** pour bien intégrer ce qu'il est en train d'apprendre. Chaque enfant progresse à son rythme.

C'est la raison pour laquelle l'enseignant fait travailler plusieurs fois le même apprentissage en variant les conditions. Par exemple, pour apprendre à lancer un ballon, les enfants s'entraînent non seulement avec le ballon, mais aussi avec d'autres objets (balles à jongler, petits sacs de sable) et en visant des cibles différentes (un cerceau au sol, une cible dessinée au mur, un panier de basket adapté…). On applique la même démarche pour les autres domaines. Ainsi, pour écrire son prénom, un enfant fait de nombreux essais. Il s'exerce à l'écrire avec un crayon, un feutre, en grand, en petit, etc.

### Apprendre en se remémorant et en mémorisant

Un enfant de maternelle a besoin d'être accompagné pour mémoriser. Il retiendra plus facilement **ce qu'il a vécu avec son corps**, ce qui est lié à une émotion particulière ou ce qui revient très régulièrement. Puis, au fil des années, l'enfant deviendra capable de mémoriser consciemment, par exemple pour apprendre des leçons.

Pour aider cette mémorisation, l'enseignant essaye donc le plus souvent possible de relier les apprentissages à une émotion ou à une sensation « corporelle ». Par exemple, pour retenir le nom des lettres, l'enseignant propose des lettres en tissu, en relief, etc. pour que les enfants puissent les « toucher », en suivre les contours, le tracé... Les gestes, encore, qui accompagnent une comptine peuvent aider à s'en souvenir.

Un rituel peut aussi aider à **mémoriser des apprentissages** car il revient au même moment, toujours présenté de la même manière : pour apprendre une nouvelle lettre, les enfants s'assoient toujours dans le même coin de classe où il y a des affiches avec des alphabets.

Il existe également des petits jeux de mémorisation, par exemple le rituel de « la boîte mystère » : chaque jour un objet est ajouté dans la boîte mystère et il faut se rappeler chaque fois tous les objets placés dans la boîte les jours précédents.

### Une clé en plus

*Chaque enfant, comme chaque adulte, a une façon très personnelle de retenir une information. Certains ont besoin de schématiser une leçon ou de l'écrire, d'autres la retiennent juste en la lisant, d'autres encore ont besoin de la répéter à voix haute, en marchant, par exemple.*

*Pensez à proposer à votre enfant de vous redire les comptines ou de vous chanter les chansons qu'il a apprises, ou de lui demander ce qu'il a appris à l'école aujourd'hui. Mais cela doit toujours rester un moment de plaisir partagé !*

## UNE ÉCOLE OÙ LES ENFANTS APPRENNENT ENSEMBLE ET VIVENT ENSEMBLE

### COMPRENDRE LE RÔLE DE L'ÉCOLE

Votre enfant va peu à peu comprendre ce qu'est l'école : un lieu qui a un fonctionnement bien spécifique, dans lequel il vient pour « apprendre ». Il est donc nécessaire qu'il se familiarise avec les règles de l'école, qu'il connaisse le nom et la fonction de chaque espace de l'établissement (la cour, la bibliothèque, le bureau de la direction, la cantine...). Il est important qu'il sache aussi le nom et le métier des adultes qui y travaillent.

Votre enfant entre tout doucement dans **son rôle d'élève**. Pour cela, il doit d'abord comprendre que, à l'école, il n'est pas tout seul : il y a d'autres élèves dont les adultes doivent s'occuper. Il faut suivre le rythme des activités, il y a des règles collectives à respecter. Il ne peut donc pas faire ce qu'il veut, quand il veut.

Pour devenir élève, il faut aussi qu'il comprenne que les activités qu'il fait à l'école lui servent à apprendre de nouvelles choses. Pour cela, l'enseignant l'aide à avoir peu à peu conscience de ce qu'il apprend pendant un jeu ou une activité en expliquant bien, dès le début, quels sont les enjeux. Puis il peut, à la fin de l'atelier, redemander à l'élève d'expliquer ce qui a été appris. Par exemple: un élève ou deux peuvent être chargés de donner le nombre de repas à préparer pour le déjeuner. Cette activité quotidienne est très liée au vécu des enfants. L'enseignant leur fera percevoir que pour cela, il a fallu apprendre à dénombrer les élèves inscrits sur le tableau de cantine et chercher sur la ligne numérique accrochée au mur l'écriture du nombre correspondante. L'enseignant aide les élèves à régulièrement « faire le point » sur ce qu'ils sont en train d'apprendre : « Hier, nous avons appris à faire... », « Aujourd'hui, nous allons apprendre la même chose, mais un peu différemment, ensuite on apprendra... ». Les élèves peuvent ainsi se représenter le « chemin » qu'ils ont parcouru et ce qu'il leur reste à parcourir.

À l'école maternelle, votre enfant prend **ses premières habitudes de travail** : respecter les consignes, organiser et ranger le matériel, chercher ou demander de l'aide si besoin, faire des efforts même si cela lui paraît un peu long ou difficile, aller jusqu'au bout d'une activité, etc. L'enseignant encourage les élèves à s'entraider, à coopérer, à prendre des initiatives et à faire leurs propres choix. Quand il faut choisir une activité ou une couleur pour une peinture, par exemple, certains enfants savent très rapidement ce qu'ils préfèrent alors que d'autres vont pendant quelque temps toujours faire les mêmes choix que leur copain ou copine, ou changer d'avis.

## À la maison

*Quand votre enfant apporte son cahier ou son classeur à la maison, n'hésitez pas à l'encourager à raconter ce qu'il a fait, avec quoi, comment, et, peu à peu, ce qu'il a appris. Vous pouvez aussi trouver des situations dans lesquelles votre enfant utilisera ce qu'il a appris de nouveau. Par exemple, l'apprentissage des nombres fait en classe peut être prolongé à la maison avec des jeux de dominos ou de petits chevaux.*

### CONSTRUIRE SA PERSONNALITÉ AU SEIN D'UN GROUPE

En arrivant en petite section, un enfant est en général très centré sur lui-même, même s'il a des frères et sœurs ou s'il est allé à la crèche. À l'école il apprend, progressivement, à vivre en groupe. Il doit accepter de **partager** les jeux, comprendre que l'enseignant ne s'occupe pas que de lui, attendre son tour pour parler ou pour passer à une autre activité (par exemple, en sport, il devra attendre son tour pour sauter sur le gros tapis), suivre le rythme collectif (c'est l'heure de la récréation, de la sieste).

## Une clé en plus

*En petite section les élèves sont, en général, couchés juste après le repas, pour une sieste qui dure de 1h30 à 2h. Ce temps de repos est nécessaire aux enfants, surtout en collectivité qui peut être fatigante. Les élèves se réveillent de façon échelonnée, chacun à son rythme et rejoignent leur classe au fur et à mesure. La sieste est toujours surveillée par un adulte (un enseignant ou un ATSEM).*

*En moyenne section, il n'y a, en général, plus de sieste organisée en dortoir, mais un temps de repos, par exemple les enfants sont allongés sur des tapis dans la classe. Les élèves qui ne s'endorment pas, puis ceux qui se sont endormis et se réveillent à leur rythme rejoignent peu à peu les activités proposées par l'enseignant. En grande section, il n'y a plus de sieste ou de repos (sauf si un enfant en éprouve vraiment le besoin) mais on prévoit le plus souvent des activités plus calmes en début d'après-midi.*

Au début, c'est l'adulte qui donne et explique les règles. Puis, en grandissant, les élèves sont capables de se les rappeler eux-mêmes et d'appliquer le règlement : ils ont compris à quoi servaient les règles dans un groupe. Les règles comprennent évidemment des obligations (ne pas taper, respecter le matériel, attendre son tour, ranger...), mais aussi des droits (s'exprimer, être écouté, être aidé et protégé, jouer, se tromper...).

Ils apprennent aussi peu à peu à faire des activités pour lesquelles il faut coopérer. Ils développent ainsi leur capacité à donner leur point de vue, à discuter avec les autres et à faire des compromis. Ils participent à des votes pour prendre une décision collective qui sera applicable à tous.

Les enfants assimilent ainsi les règles de base de la vie en société : **respecter les règles** de politesse, celles de la communication (expliquer clairement ce qui ne va pas au lieu de faire une colère, écouter ce que les autres ont à dire). Ils découvrent et apprennent à questionner certaines valeurs de la société : la laïcité, l'égalité garçons-filles, le respect de chacun malgré les différences, l'entraide (et non la compétition), la justice. L'enseignant transmet ces valeurs à travers son propre comportement bienveillant et respectueux des règles. Il peut aussi proposer des moments de discussion, des petits « débats » ou bien des lectures qui abordent ces thèmes.

### Une clé en plus

*Les enseignants sont très attentifs à ce qu'un esprit de compétition ne s'installe pas entre les enfants, car cela serait vraiment négatif pour l'ambiance de la classe. Les classes dans lesquelles les enfants coopèrent, s'entraident, se félicitent et ne se jugent pas sont des classes plus calmes et plus propices aux progrès de tous les enfants. La tolérance fait partie des valeurs fortes enseignées à l'école. Elle permet de vivre ensemble à l'école et prépare votre enfant à la vie en société.*

## LA SCOLARISATION DES ÉLÈVES EN SITUATION DE HANDICAP

La scolarisation des élèves handicapés[5] participe pleinement de cet apprentissage de **la tolérance et du respect de la différence**.

[5] *http://www.education.gouv.fr/cid207/la-scolarisation-des-eleves-handicapes.html*

Le mot « handicap » correspond à des réalités très diverses : handicap moteur, retard de développement, surdité, etc. Un enfant en situation de handicap a le droit d'être scolarisé à l'école publique comme tous les autres enfants. Pour cela, il peut bénéficier d'aides spécifiques et être scolarisé dans de bonnes conditions. Le projet personnalisé de scolarisation (PPS) définit les modalités de déroulement de la scolarité et les actions pédagogiques, psychologiques, éducatives, sociales, médicales et paramédicales répondant aux besoins particuliers d'un élève présentant un handicap. Selon ses besoins, il peut être accompagné par un AVS (auxiliaire de vie scolaire) sur une partie du temps scolaire, avoir du matériel et des consignes adaptés à ses difficultés, avoir **un emploi du temps particulier**. L'école d'accueil s'adapte au mieux aux besoins particuliers de l'enfant pour que sa scolarisation soit la plus ordinaire possible. La mise en place d'un PPS peut être assez longue car il y a plusieurs démarches à faire, mais qui se font toujours en équipe : les parents avec les enseignants et les autres professionnels concernés (médecin, psychologue, services sociaux...).

## Une clé en plus

*Un handicap peut être repéré à l'école. Lors des activités de la classe, l'enseignant peut remarquer des difficultés qui durent (par exemple, un enfant qui semble ne pas entendre quand il est en grand groupe). Il peut alors vous conseiller de demander un avis médical. Ce repérage fait partie des missions de l'école maternelle.*

*Si votre enfant a un handicap déjà diagnostiqué, contactez l'école plusieurs mois avant la rentrée (dès janvier si votre enfant entre à l'école en septembre). L'équipe pédagogique vous accompagnera dans les démarches nécessaires pour pouvoir accueillir au mieux votre enfant.*

*Devant certaines difficultés, l'équipe éducative peut proposer une intégration en ULIS-école (unité localisée pour l'inclusion scolaire).*

## CONSTRUIRE SON IDENTITÉ PARMI LES AUTRES ENFANTS

Vivre et apprendre ensemble ne veut pas dire « se fondre dans le groupe » ! Au contraire, cette vie collective participe pleinement à **la construction de la personnalité** de chaque enfant en tant qu'individu.

Grâce aux relations avec les autres, l'élève peut affirmer son caractère, adapter sa façon de se comporter selon les situations, savoir ce qu'il aime ou non, se faire des amis et les garder... Porté par le groupe, il va prendre confiance en lui en étant toujours encouragé par l'enseignant qui pourra lui confier une responsabilité dans la classe (s'occuper de compter les absents, s'occuper du poisson rouge, vérifier le rangement des feutres...). Il apprend aussi à contrôler ses émotions. En effet, un enfant est souvent débordé par ses émotions, ce qui le fait réagir parfois très fortement (cris, pleurs, violence, repli sur soi...). L'enseignant l'aide à nommer ses émotions et à les gérer. Les réactions sont beaucoup moins « explosives » quand un enfant réussit à les exprimer avec des mots !

### À la maison

*Vous pouvez habituer votre enfant à trouver les mots les plus justes pour exprimer ce qui ne va pas quand vous sentez qu'il n'est pas bien, « Est-ce que tu es triste ? En colère ? Déçu ? Inquiet ? », et quand, au contraire, il rayonne : « Est-ce que tu es fier ? Heureux ? Amusé ? ».*

Enfin, ce nouveau programme insiste beaucoup sur **le respect du rythme de chaque enfant** et sur la bienveillance des adultes qui l'accompagnent. Chacun d'eux met en œuvre le principe fondamental selon lequel tous les enfants sont capables d'apprendre et de progresser. Chaque enseignant fait en sorte de valoriser les réussites de l'enfant pour l'engager à avoir confiance en lui. De cette façon, il favorise le goût et le plaisir d'agir et de penser pour apprendre.

L'école maternelle favorise l'épanouissement de votre enfant dans le cadre de la réalisation de nombreux apprentissages regroupés en cinq domaines d'apprentissage[6] :

- développer le langage ;
- vivre des activités physiques ;
- pratiquer des activités artistiques ;
- découvrir les « mathématiques » ;
- explorer le monde.

[6] *Intitulés officiels des cinq domaines d'apprentissage au programme : mobiliser le langage dans toutes ses dimensions ; agir, s'exprimer, comprendre à travers l'activité physique ; agir, s'exprimer, comprendre à travers les activités artistiques ; construire les premiers outils pour structurer sa pensée ; explorer le monde.*

# Développer le langage

Chapitre 2

# DÉVELOPPER LE LANGAGE

Ce premier grand domaine d'apprentissage comprend le langage oral et le langage écrit[7].

L'amélioration du langage oral et la découverte progressive du langage écrit font partie des priorités de l'école maternelle, car le langage est la condition essentielle de la réussite de tous les élèves. C'est lui qui permet de communiquer, de comprendre, d'apprendre et de réfléchir.

Le langage est travaillé en classe lors d'ateliers spécifiques, mais toutes les autres activités (les arts, le sport, les sciences...) favorisent également les acquisitions langagières, même les temps de récréation, d'habillage et de déshabillage.

## LE LANGAGE ORAL

### ENTRER EN COMMUNICATION

À l'école, votre enfant parle volontiers de lui, mais avec un langage parfois encore hésitant ou peu précis. L'enseignant peut alors aborder des sujets qui lui tiennent à cœur ou lui montrer des photos de lui prises en classe pour **l'aider à s'exprimer** et à enrichir son vocabulaire. Il le reprend avec bienveillance et lui propose des mots ou des formulations plus adaptés, **il l'encourage à prendre la parole** et à reformuler ses phrases.

**Une clé en plus**

*Si votre enfant est timide, l'enseignant saura le rassurer et l'encourager. L'enfant s'adressera d'abord à lui, il sera ensuite incité à prendre la parole au sein de petits groupes d'élèves puis invité, progressivement, à participer en grand groupe. Vous aussi, encouragez-le à aller vers les autres et, même s'il n'ose pas parler, à respecter au moins les formules de politesse : dire « bonjour », « merci », « au revoir ».*

---

[7] *Intitulé officiel du domaine d'apprentissage dans le nouveau programme : « mobiliser le langage dans toutes ses dimensions ».*

*Certains enfants parlent une autre langue à la maison et entrent en petite section sans savoir parler la langue française. Maîtriser une autre langue est une richesse, l'enfant apprendra peu à peu le français avec l'enseignant et ses camarades.*

Progressivement, votre enfant commence à poser des questions plus compliquées, à saisir les plaisanteries et à en faire. Il ose prendre la parole devant toute la classe et arrive plus facilement à **rester concentré sur le sujet** de la discussion. Son vocabulaire se développe et ses phrases deviennent plus longues et plus complexes. À la fin de la maternelle, il commence à **reformuler ses phrases** en modifiant si besoin les mots pour se faire mieux comprendre.

## À la maison

*Pour formuler ses besoins, mais aussi raconter, exprimer ses sentiments, ses émotions, votre enfant va utiliser un vocabulaire toujours plus riche. Aidez-le en choisissant des termes précis, en lui parlant de sujets variés et en lui proposant les mots qui lui manquent. Quand une phrase n'est pas correcte, donnez-lui la bonne formulation sans le culpabiliser. Pour l'aider à progresser, n'utilisez pas trop de mots « bébés » (dodo, bobo...). De même, évitez de parler de votre enfant à la troisième personne dans vos échanges : « Nolan va manger. » Dites plutôt : « Tu vas manger. » Il est important de l'inciter à utiliser le « je » pour qu'il ne parle pas de lui à la troisième personne (« Nolan, il veut... »). Reprenez sa phrase en utilisant le « je » et adressez-vous à lui en utilisant le « tu ».*

Certains enfants peuvent avoir des difficultés d'élocution. Certains bégaient, d'autres ont des soucis de prononciation, d'autres encore peuvent avoir un « zozotement ». Le repérage et le dépistage[8] des troubles spécifiques du langage oral (et écrit) sont des préoccupations importantes de l'école maternelle. Ce travail et la réflexion qui l'accompagne sont menés par l'ensemble des membres de l'équipe éducative. L'enseignant peut, avec l'accord du médecin scolaire, demander aux parents de réaliser un bilan orthophonique.

[8] *http://eduscol.education.fr/cid45916/reperer-depister-diagnostiquer.html*

## Une clé en plus

*Si votre enfant n'articule pas bien ou a de petits défauts de prononciation (il zozote, par exemple, ou ne prononce pas bien un son), pensez à le reprendre gentiment pour lui montrer comment bien prononcer. Le plus souvent, l'enfant se corrige en grandissant grâce aux jeux avec les sons, ou quand il commence à apprendre à lire. Si vous êtes inquiet, parlez-en à l'enseignant.*

### COMPRENDRE ET APPRENDRE

Les élèves progressent également en langage à partir d'activités de tri : ils sont encouragés à « mettre ensemble ce qui va ensemble ». Ils trient ainsi des objets, puis des images, et **apprennent à justifier** les catégories qu'ils ont trouvées : la carotte va avec les aliments, elle va aussi avec ce qui pousse dans le jardin et avec ce qui est orange. Mais, si on la range avec ce qui est orange, on ne peut pas mettre le poireau avec...

Ces activités de catégorisation se complexifient au fil des années. Elles sont très importantes, car elles permettent à la fois d'augmenter le vocabulaire et de mettre les connaissances en ordre : en trouvant des catégories, l'enfant « range » dans sa tête ce qu'il connaît et peut ensuite le retrouver plus facilement. Par exemple, il apprend ce qu'est une louche, puis il comprend que c'est un ustensile qui se trouve dans la cuisine. Enfin, il affine ce classement en apprenant que la louche fait partie de la « vaisselle » car elle sert au service de table.

## À la maison

*En promenade ou à la maison, aidez votre enfant à faire des catégories en bavardant, tout simplement : « Tu as vu ce chien blanc ? C'est un labrador. Le chien du voisin, c'est un caniche ; il est beaucoup plus petit. Et tu as vu comme les poils sont différents ? ». Ou en le mettant à contribution dans la vie de tous les jours : « Peux-tu m'aider à ranger les courses, s'il te plaît ? La salade, c'est un légume : où la rangeons-nous ? Et les brosses à dents, ça se range où ? ».*

Les élèves sont également encouragés à relier des choses entre elles pour mieux mémoriser, par exemple des événements vécus : « Ça me rappelle... », « Au parc, on a vu un marronnier, c'est le même arbre que celui qui est dans la cour de l'école », ou « C'est comme dans le livre sur les arbres de la classe ». Ils peuvent aussi relier des lectures[9] entre elles : « Il y a un ours dans *Boucle d'Or*, mais aussi dans *La Moufle...* », ou « Il y a trois personnages dans *À trois on a moins froid* comme dans *Les Trois Petits Cochons...* ».

## ÉCHANGER ET RÉFLÉCHIR AVEC LES AUTRES

Il y a de nombreux **moments d'échange** à l'école : pour parler de la vie de la classe, prendre des décisions ou régler des conflits, pour parler d'un spectacle auquel on a assisté, pour donner son opinion sur un album raconté par l'enseignant, pour exprimer ses préférences... Les élèves apprennent ainsi à expliquer, à poser des questions et à argumenter.

L'enseignant organise également **des petits débats** car, à l'école maternelle, les enfants se posent plein de questions sur les grands thèmes de la vie ! D'ailleurs, votre enfant vous en a certainement déjà posé avec ses propres mots sur l'amitié, la vérité, la mort...

---

[9] *Rascal,* Boucle d'or et les trois ours, *édition Pastel, 2015 ; F. Desnouveaux et C. Hudrisier,* La Moufle, *Didier Jeunesse, 2009 ; M. Gay et E. Devernois,* À trois on a moins froid, *L'École des loisirs, 1993 ; J. Jacobs et E. Puybaret,* Les Trois Petits Cochons, *Magnard Jeunesse, 2004.*

Lors de tous ces échanges, l'enseignant est là pour garantir **le respect de la parole de chacun**, pour questionner et aller un peu plus loin dans les propos, pour commenter le sujet abordé, relancer et conclure les discussions.

Les élèves sont également encouragés à évoquer des événements passés. Ils apprennent progressivement à en expliquer le contexte : ainsi, la phrase « Avant je me suis baigné chez Henri » peut être claire pour la famille, mais n'est pas assez précise en classe. L'enseignant peut ne pas savoir qui est Henri, où il habite, si l'enfant s'est baigné dans la mer, la piscine municipale ou une baignoire, ni si c'était hier ou pendant les dernières vacances... Ce dont les plus petits ne se rendent pas encore compte. En outre, il est encore difficile pour les élèves d'école maternelle de situer les événements dans le temps et les uns par rapport aux autres : ça s'est passé hier, la semaine dernière ou il y a très longtemps ? C'était avant ou après les vacances ?

## À la maison

*Évoquez avec votre enfant des événements passés en l'aidant à les situer dans le temps et dans l'espace. Expliquez-lui quels sont les liens avec les personnes chez qui vous allez ou que vous recevez : votre enfant a peut-être oublié que Hugo est son cousin et non pas le fils de vos amis. Précisez-lui aussi où vous allez : une ville, un village, à la campagne, au bord de la mer, à la montagne...*

*Vous pouvez aider votre enfant à raconter ses souvenirs en lui montrant des photos de lui à différents endroits, différents moments. Et pourquoi pas commencer à remplir, avec lui, un album de photos de son enfance où apparaîtront sa famille, les amis...*

## DÉCOUVRIR LES SONS DE LA LANGUE FRANÇAISE (LA PHONOLOGIE)

Tout au long de leur scolarité en maternelle, les élèves apprennent à améliorer leur écoute pour progressivement réussir à **isoler des syllabes puis des sons**.

Les enfants commencent à « frapper » les syllabes des prénoms des enfants de la classe. Par exemple, pour Marie : Ma-rie (on frappe deux fois). Ils s'entraînent à reconnaître les sonorités de la langue. Ils apprennent des formulettes ou des comptines, des chansons avec des rimes, avec des sons qui se répètent. Ces jeux se poursuivent, par exemple, dans une comptine comme : « Abracadabra, le chat regarde le rat et le rat s'en va… » où on va d'abord découper en syllabes : a-bra-ca-da-bra, puis jouer à enlever la première syllabe (bra-ca-da-bra), la dernière (a-bra-ca-da), et à repérer la place d'une syllabe dans le mot.

En grande section, les élèves s'entraînent à repérer des sons de voyelles (a, o, i…) dans les mots : « Entends-tu le son [a] dans haricot ? Dans chou ? Dans carotte ? ». Ils repèrent ensuite des sons de consonnes. Selon le rythme de chacun, les enfants peuvent aussi jouer à parler à l'envers ou à mélanger deux prénoms pour en faire des nouveaux (Léna et Rémi deviennent Lémi et Réna, par exemple).

Tout ce travail, mené progressivement, permettra à votre enfant de **se préparer à l'apprentissage de la lecture et de l'écriture** qu'il débutera en CP.

### À la maison

*Vous pouvez vous amuser avec votre enfant à chercher des rimes, à inventer des comptines, ou à parler comme un robot pour scander les syllabes.*

*Vous pouvez aussi lire aux plus grands des albums qui jouent avec les sons :* Bou et les 3 zours, Le Petit Princhе, *ou* La Belle Lisse Poire du prince de Motordu[10].

[10] *Elsa Valentin et Ilya Green, L'Atelier du poisson soluble, 2008 ; Alice Brière-Haquet et Camille Jourdy, P'tit Glénat, 2010 ; Pef, Gallimard jeunesse, 2010.*

### ÉVEILLER À D'AUTRES LANGUES

L'enseignant sensibilise les élèves à **des langues différentes** du français : une langue étrangère, connue de l'enseignant ou parlée par un élève de la classe, une langue découverte dans un petit film, une langue régionale ou la langue des signes. Les enfants peuvent apprendre à répéter quelques mots, à dire une comptine, à chanter...

**Une clé en plus**

*Si vous parlez une langue étrangère, n'hésitez pas à proposer à l'enseignant de venir chanter une comptine ou une chanson dans la langue que vous maîtrisez devant la classe. Vous pourrez aussi apprendre aux enfants quelques mots « bonjour », « merci », « au revoir » ou bien leur lire un court album. Votre intervention sera préparée avec l'enseignant qui vous conseillera pour que tout se passe bien.*

Flashez ce code pour regarder une vidéo sur le thème abordé.

## LE LANGAGE ÉCRIT

Pour découvrir le monde de l'écrit, l'élève s'habitue à entendre et à comprendre des textes lus par l'adulte. Quand il regarde des livres et écoute des histoires, il comprend peu à peu qu'**on n'écrit pas comme on parle**.

Il découvre le rôle des écrits et leurs particularités : écrire pour garder la trace d'un événement, pour réfléchir, pour communiquer par exemple avec les parents ou avec une autre classe. Ce travail de découverte est indispensable pour préparer l'enfant aux apprentissages du Cycle 2.

## ÉCOUTER DE L'ÉCRIT ET COMPRENDRE

L'enseignant apprend petit à petit à ses élèves à comprendre des textes lus à voix haute de plus en plus longs et de plus en plus complexes (avec des phrases plus longues et un vocabulaire plus riche et plus précis), en variant les supports. Il leur lit des poésies, des albums, des documentaires, mais aussi des magazines.

### À la maison

*Lire des albums, raconter des histoires connues ou inventées, « lire » des imagiers : toutes ces activités permettent à votre enfant de rencontrer de l'écrit et développent son langage oral. N'hésitez pas à aller à la bibliothèque, vous pourrez demander des conseils de lecture et découvrir de nouveaux albums. Après la lecture, n'hésitez pas à questionner votre enfant sur les personnages, ce qui se passe, les lieux, les actions... Et n'oubliez pas qu'un moment de lecture est toujours un plaisir partagé !*

*Il est important de lire les mots et les phrases de l'histoire sans les transformer. C'est en réentendant le texte du récit que votre enfant comprendra que l'écrit reste toujours le même.*

## DÉCOUVRIR LE RÔLE DE L'ÉCRIT

Les élèves apprennent peu à peu **à quoi sert l'écrit** dans des situations motivantes. Si, par exemple, les élèves ont exposé dans le « musée de classe » des objets réalisés en pâte à modeler, l'enseignant peut leur proposer d'inviter une classe voisine à venir voir leur travail. Les enfants sont alors amenés à préparer une invitation écrite, mais aussi des étiquettes avec des légendes pour chaque objet en pâte à modeler. Autre exemple : s'ils veulent faire un gâteau pour un anniversaire, ils doivent trouver la recette dans un livre de recettes. Les élèves peuvent également entretenir une correspondance avec une autre classe autour d'un projet particulier : ils doivent alors envoyer des courriers (et donc en recevoir !), par la poste ou par e-mail. Ce travail d'écriture de messages se fait en « dictée à l'adulte »[11].

---

[11] *Dictée à l'adulte : lors d'un atelier, en petit groupe, les enfants échangent avec l'enseignant sur le message à écrire et décident des phrases qu'ils reformulent avec son aide pour passer d'un registre oral à un registre écrit.*

## À la maison

*Si vous envoyez ou recevez une carte postale ou un message sur Internet, lisez-lui ce qui y est écrit. C'est bien qu'il comprenne que ce que vous dites n'est pas inventé. Ce sont les mots sur la feuille qui apportent les informations. Si on relit le message, ce sont toujours les mêmes.*

*Vous pouvez aussi lui montrer les livres que vous appréciez (un roman, un livre de recettes, une bande dessinée, une revue) en lui expliquant que lui aussi pourra les lire plus tard.*

### COMPRENDRE QU'ON N'ÉCRIT PAS COMME ON PARLE

Avant de savoir écrire tout seul, votre enfant comprend progressivement qu'on n'écrit pas comme on parle dans un livre ou dans une lettre. Il apprend que l'on doit améliorer, transformer sa phrase à l'oral avant de l'écrire. Quand il dicte à l'enseignant les explications à écrire en bas de son dessin ou le compte rendu d'une sortie, il faut qu'il choisisse les bons mots et leur ordre pour faire ensuite une phrase écrite correcte et qui a du sens.

### DÉCOUVRIR LE PRINCIPE ALPHABÉTIQUE (LA RELATION ENTRE LES LETTRES ET LES SONS)

À l'école maternelle, l'enseignant n'apprend pas aux enfants à lire. Il organise des activités pour leur apprendre à reconnaître les lettres et à identifier les relations entre les sons et les lettres. Les élèves découvrent **le principe alphabétique**, ils comprennent que les lettres traduisent des sons. Ainsi, les élèves vont peu à peu découvrir que les signes utilisés dans notre écriture servent à transcrire l'oral : les lettres correspondent à des sons (la lettre « s » permet d'écrire le son [s] comme dans le début du mot « salade », par exemple).

En grande section, ils feront la distinction entre le nom et le son des lettres. Par exemple, la lettre appelée « a » sonne [a], alors que la lettre appelée « p » sonne en faisant le son [p] (« peu »).

Quand l'enfant est capable de repérer certains sons avec les lettres correspondantes, l'enseignant l'encourage à faire des premiers essais d'écriture en l'aidant à trouver les bonnes lettres pour écrire le mot.

## COMMENCER À ÉCRIRE TOUT SEUL

Le graphisme, c'est-à-dire la manière de tracer des traits, permet aux enfants d'apprendre à **maîtriser leurs gestes**. Les activités de graphisme guident leur regard et leur apprennent à se repérer dans l'espace d'une feuille.

L'enseignant propose d'abord des modèles de graphismes simples, puis de plus en plus variés, que les enfants doivent peu à peu reproduire de gauche à droite, en avançant de manière régulière sur la feuille, en suivant une ligne. L'enseignant corrige la tenue de l'enfant sur sa chaise, sa manière de placer la feuille sur la table et sa tenue du crayon (si l'élève a la main crispée, il aura du mal à obtenir des gestes précis). Il montre précisément aux élèves les gestes qui préparent plus directement à l'écriture cursive (ce qu'on appelle aussi les lettres « attachées ») : ponts à l'endroit ou à l'envers, vagues, boucles, etc. Lors de ces apprentissages, l'enseignant montre les gestes à faire et les commente devant les enfants.

### À la maison

*Encouragez ses premiers graphismes ! Fournissez à votre enfant du papier et des crayons, vous verrez qu'il se concentrera volontiers sur cette activité qui peut se faire facilement et n'importe où. Il pourra reproduire toutes sortes de lignes, de formes, de motifs, en respectant le modèle. Ainsi, votre enfant maîtrisera mieux les gestes dont il aura besoin pour écrire.*

## L'ÉCRITURE S'INSTALLE PROGRESSIVEMENT

Votre enfant découvre et reconnaît les lettres de son prénom en repassant ses doigts ou son crayon sur des formes de lettres. Il s'entraîne à les tracer en variant leur taille, avec des outils différents (craie, pinceau, feutre), des matières différentes (sable, pâte à modeler...), sur des feuilles ou du carton de format divers, etc. Peu à peu, il apprend à dire comment tracer telle ou telle lettre, à associer cette parole au geste et réciproquement.

Il est essentiel que l'enfant comprenne la nécessité de **respecter le sens de l'écriture**, de gauche à droite. Il s'entraîne notamment à écrire son prénom afin de savoir l'écrire sans modèle, d'abord en écriture capitale puis, plus tard, en écriture cursive. Il doit faire attention à l'ordre des lettres (il apprend que si les lettres ne sont pas à la bonne place, on ne peut pas lire correctement le mot). Lorsque votre enfant maîtrise bien ses gestes, tient sans effort son crayon ou son feutre, parvient à reproduire des petits graphismes variés en respectant le modèle de manière régulière, il peut commencer à écrire son prénom en lettres « attachées » ou cursives.

L'écriture cursive nécessite **un entraînement pour apprendre à tracer chaque lettre**, puis l'enchaînement de plusieurs lettres. Cet entraînement se fait avec l'enseignant, qui veille au sens dans lequel la lettre est formée : si l'élève écrit la lettre « *b* » de droite à gauche, il ne peut pas attacher directement la lettre suivante...

En moyenne section, alors que les élèves commencent à écrire leur prénom, il peut arriver que des enfants écrivent les lettres capitales en miroir (symétrie verticale) : c'est une erreur courante que l'enseignant surveillera. En grande section, les enfants sont généralement capables de commencer à écrire des lettres cursives dans la deuxième moitié de l'année scolaire. Quelquefois, certains enfants sont prêts plus tôt, mais, quoi qu'il en soit, l'apprentissage de l'ensemble des lettres cursives se poursuivra surtout au CP.

À partir de la moyenne section et plus encore de la grande, les enfants apprennent à **reconnaître les lettres dans les trois écritures** : capitale (« lettres bâtons »), scripte (les minuscules imprimées dans les supports écrits) et cursives (lettres « attachées »). Ils peuvent s'y entraîner notamment en copiant des textes en lettres scriptes sur l'ordinateur : ils doivent alors chercher la lettre capitale correspondante sur le clavier.

### À la maison

*Votre enfant veut écrire des lettres ? Faites-lui un modèle[12]. Il prendra plaisir à apprendre à écrire son prénom et ceux des membres de sa famille. Ses premiers essais se feront sur des feuilles sans ligne, l'important étant qu'il prenne plaisir à tenter d'écrire un mot, une petite phrase. Vous pouvez aussi l'encourager à faire un dessin pour les anniversaires et à le signer de son prénom, puis à recopier « bon anniversaire » quand il en sera capable.*

## ESSAYER D'ÉCRIRE UN MOT TOUT SEUL

Les étiquettes avec les prénoms des enfants sont très utilisées à l'école. On apprend d'abord à les reconnaître, on les observe, puis on cherche si on retrouve les mêmes lettres dans certains prénoms, on remarque que deux prénoms commencent ou finissent par les mêmes lettres, comme Florent et Fatoumata, et Alice et Fabrice.

Dès la petite section, **les élèves reconnaissent leur prénom** ; en grande section, ils reconnaissent généralement tous les prénoms de leurs camarades de classe.

D'autre part, l'enseignant écrit régulièrement des mots au tableau ou sur des affiches (les jours de la semaine, des noms de personnages d'histoires connues, des mots comme « école », « Noël », etc.), et les élèves les observent puis apprennent à les repérer.

À partir de la grande section en général, les enfants découvrent **comment écrire un mot** en utilisant des morceaux de mots, des syllabes et des lettres qu'ils connaissent bien, par exemple à partir des prénoms de la classe. Pour écrire « judo », ils peuvent ainsi utiliser les « étiquettes prénoms » de Jules et de Dominique. L'enseignant encourage et félicite tous les essais, il éclaircit les difficultés puis indique comment s'écrit le

---

[12] *Vous pouvez en créer un à partir du site d'Éducsol : http://cache.media.eduscol.education.fr/file/premier_degre/05/9/Document_accompagnement_polices_de_caracteres_cursives_V2_295059.pdf*

mot en expliquant les correspondances entre les lettres et les sons. Il commente toujours avec bienveillance pour aider l'élève à progresser. Plus votre enfant écrit, plus il a envie d'écrire !

Dans la classe, des feuilles, des crayons, des fiches avec les lettres de l'alphabet dans les trois écritures, les mots connus des élèves, des abécédaires et un ordinateur (éventuellement une tablette si la classe est équipée) sont mis à disposition dans un coin écriture pour permettre aux enfants de s'entraîner. L'élève dispose éventuellement d'un petit carnet personnel d'écriture.

En grande section, on ne demande pas de respecter l'orthographe dans les essais d'écriture. Par contre, l'enseignant écrit le mot correctement sous le mot écrit par l'enfant. La séparation des mots par des espaces peut rester difficile jusqu'en fin de CP, voire en CE1.

## À la maison

*Félicitez votre enfant quand il vous montre ses premiers essais d'écriture ! Encouragez-le à s'entraîner, l'important étant qu'il prenne plaisir à tenter d'écrire un mot ou une petite phrase.*

*Si vous constatez que l'orthographe n'est pas respectée, montrez-lui tout simplement comment vous écrivez le mot.*

Flashez ce code pour regarder une vidéo sur le thème abordé.

## CE QUI EST ATTENDU DES ENFANTS EN FIN DE MATERNELLE

### À L'ORAL

- Communiquer avec les adultes et avec les autres enfants par le langage, en se faisant comprendre.
- S'exprimer dans un langage correct et précis. Reformuler pour se faire mieux comprendre.
- Pratiquer divers usages du langage oral : raconter, décrire, évoquer, expliquer, questionner, proposer des solutions, discuter un point de vue.
- Dire de mémoire et de manière expressive plusieurs comptines et poésies.
- Comprendre des textes écrits sans autre aide que le langage entendu.
- Repérer les régularités dans la langue à l'oral en français (éventuellement dans une autre langue).
- Manipuler des syllabes.
- Discriminer des sons (syllabes, voyelles, consonnes occlusives).

### À L'ÉCRIT

- Manifester de la curiosité par rapport à l'écrit. Pouvoir redire les mots d'une phrase écrite après sa lecture par l'adulte, les mots du titre connu d'un livre ou d'un texte.
- Participer verbalement à la production d'un écrit. Savoir qu'on n'écrit pas comme on parle.
- Reconnaître les lettres de l'alphabet dans les trois écritures : cursive (lettres « attachées »), scripte (minuscules d'imprimerie), capitale[13] (« bâton »). Copier des mots à l'aide d'un clavier.
- Écrire son prénom en écriture cursive (lettres « attachées »), sans modèle.
- Écrire seul un mot en utilisant des lettres ou des groupes de lettres empruntés aux mots connus.

---

[13] *Écriture cursive ou « attachée » (école), écriture scripte ou minuscule d'imprimerie (école), écriture capitale ou « bâton » (ÉCOLE).*

# Vivre les activités physiques

## Chapitre 3

# VIVRE LES ACTIVITÉS PHYSIQUES

## LES ENJEUX

Le nouveau programme souligne l'importance d'un temps quotidien consacré aux activités physiques[14] pour répondre aux besoins physiologiques des enfants de maternelle. **Le besoin de mouvement** est très important, à cet âge-là : les élèves bougent et courent pendant les temps de récréation, et une séance d'activité physique de trente à quarante-cinq minutes est aussi prévue chaque jour.

Ces activités développent les capacités physiques des enfants, elles les amènent à prendre plaisir à l'effort et à mieux connaître leur corps. Elles reposent sur de **nombreuses expériences corporelles** (la danse, les activités de cirque...), elles explorent des espaces différents, incitent les élèves à s'entraîner et à affiner leurs gestes et leurs actions (courir, sauter, lancer, grimper, se déplacer en équilibre sur une poutre, ramper, escalader, rouler).

Les activités physiques permettent ainsi de favoriser **la coopération** et **la socialisation**, notamment à travers les jeux collectifs. Les enfants découvrent ainsi qu'il faut s'entraider pour réussir (« ensemble, on peut faire plus ou mieux ») et apprennent à respecter les règles.

Les enfants participent à toutes les activités physiques, quelles que soient leur sensibilité et leurs performances. Cela contribue à la construction de l'égalité entres filles et garçons : les enfants s'aperçoivent que les filles peuvent courir plus longtemps ou viser mieux que des garçons, que les garçons peuvent être plus sensibles à l'expression par la danse que des filles, etc.

Les enseignants programment souvent des cycles d'activités entre chaque période de vacances. Par exemple, chaque lundi entre les vacances de la Toussaint et celles de Noël, les élèves participent à des activités d'adresse basées sur le lancer (lancer différents objets, loin, haut, sur une cible...). Un jour, ils travaillent les jeux collectifs ou les activités d'expression, le lendemain, ils doivent faire un parcours construit avec différents objets (cerceaux, tapis, poutres, rampes,

---

[14] *Intitulé officiel du domaine d'apprentissage dans le nouveau programme : « Agir, s'exprimer, comprendre à travers l'activité physique ».*

planches...). De la petite à la grande section, les enseignants adaptent le contenu des séances à l'âge des enfants et organisent une progression dans laquelle les situations se complexifient.

Pendant les activités ou à la fin de celles-ci, l'enseignant incite les élèves à expliquer ce qu'ils ont fait, la manière dont ils ont progressé, ce qu'ils ont découvert. C'est, encore une fois, l'occasion de **travailler le langage**, de faire une phrase pour expliquer l'action qu'on a réalisée, de découvrir de nouveaux verbes ou de reformuler les règles d'un jeu.

Quelquefois, les enseignants organisent des rencontres sportives avec d'autres classes (jeux collectifs, petites courses de relais, présentation de danses...). Si l'enseignant le demande et que vous êtes disponible, n'hésitez pas à vous proposer pour accompagner la classe. C'est une bonne occasion de voir les efforts et les progrès des enfants.

## LES ACTIVITÉS POUR ENCHAÎNER DES ACTIONS

Les enfants apprennent à développer leurs capacités physiques, puis progressivement à enchaîner des actions.

Les différentes actions motrices font l'objet d'un apprentissage spécifique. Voici quelques exemples :

- apprendre à lancer différents objets : des sacs de sable, des balles, des anneaux… Les enfants s'aperçoivent peu à peu que certains objets sont plus adaptés pour être lancés, d'autres pour être roulés ou attrapés. Ils s'entraînent à lancer haut, loin, en visant bien, et travaillent ainsi leur adresse ;
- s'entraîner à sauter haut, loin, à un endroit précis, à pieds joints, sur un trampoline, par-dessus des obstacles, etc. Dans la salle de jeu, dans la cour ou en pleine nature, les enfants doivent s'adapter à de nouveaux matériels ou espaces ;
- s'entraîner à courir longtemps, vite, en évitant des obstacles, pendant un temps limité.

Les situations sont toujours très ludiques et motivantes pour donner envie aux enfants d'améliorer leurs performances.

Les enfants parviennent ainsi peu à peu à enchaîner les actions et **coordonnent leurs gestes** de mieux en mieux pour prendre une balle, courir pour franchir un obstacle, viser une cible, repartir, prendre une nouvelle balle, etc.

### À la maison

*Votre enfant a besoin de bouger, c'est un besoin physiologique naturel, il est essentiel de le respecter pour qu'il soit en bonne santé. N'hésitez pas à jouer avec lui, à sortir marcher, courir, faire du vélo dans un parc ou à la campagne, à jouer au ballon : il sera ravi.*

*Même quand la météo est mauvaise, une activité physique est toujours possible. Pensez aux piscines municipales pour lui faire découvrir la natation ou aux activités proposées dans les gymnases (judo, yoga, etc.) !*

## LES ACTIVITÉS POUR ADAPTER SES DÉPLACEMENTS

Des parcours variés sont souvent installés dans la salle de motricité pour que les élèves apprennent à **adapter leurs mouvements** à différents espaces et à mieux les contrôler (travailler l'équilibre en marchant sur une poutre, en utilisant des échasses, en escaladant…). En maîtrisant

de mieux en mieux leurs déplacements et leur équilibre, les élèves prennent confiance en eux et deviennent plus autonomes.

Selon les municipalités, les élèves de grande section peuvent bénéficier d'une initiation à la natation avec quelques séances à la piscine, ou d'une initiation à la glisse à la patinoire.

Les enseignants organisent également des jeux d'orientation : course au trésor, parcours fléché ou parcours avec des photos ou un plan à suivre, dans l'école ou dans un parc. C'est l'occasion de travailler **les repères dans l'espace**.

## Une clé en plus

*Vous pouvez parfois craindre que votre enfant prenne trop de risques. N'ayez aucune inquiétude : l'enseignant aménage l'espace pour que les conditions de sécurité soient adaptées. Il amène progressivement tous les élèves à trouver (et à repousser) leurs limites et il attire leur attention sur une prise de risque raisonnable.*

*Pour une activité en plein air, l'enseignant s'assure du nombre d'adultes nécessaires pour l'encadrement et se munit des autorisations parentales de sortie et de la trousse de secours autorisée.*

## LES ACTIVITÉS PHYSIQUES ARTISTIQUES

Les activités physiques artistiques englobent toutes les activités d'expression, comme les activités de cirque, de danse et de mime, qui mettent le corps en mouvement dans **des activités de création**.

Les enseignants peuvent mettre à la disposition des enfants du « petit matériel » (foulards, rubans, ballons de baudruche, plumes ou cartons) que ceux-ci doivent utiliser de différentes manières. Le rythme d'une musique peut accompagner leurs recherches.

Les élèves peuvent s'inspirer de musiques ou de bruitages pour danser librement ou selon quelques consignes, et trouver des mouvements qui leur plaisent, seuls ou à plusieurs. Ils se déplacent par deux ou trois, en farandole, trouvent des gestes, les mémorisent.

Le mime et le théâtre d'ombres permettent aussi de sensibiliser les élèves à un travail sur les expressions et les émotions (mimer une colère, simuler une dispute...). Les enfants saisissent très vite qu'il faut exagérer ses gestes pour que le spectateur comprenne.

Toutes ces activités artistiques sont **des moyens d'expression** des élèves : l'enseignant leur proposera donc de montrer ce qu'ils ont réalisé à un public ! La classe peut être partagée en deux groupes, un groupe d'élèves spectateurs et un groupe d'élèves acteurs, puis les rôles sont inversés. Les élèves peuvent aussi préparer un spectacle qui sera montré aux parents ou à une autre classe.

### À la maison

*Les enfants adorent créer des petits spectacles de danse ou de cirque ; ils aiment ainsi se mettre en scène pour des occasions familiales. Encouragez-les, jouez le rôle du spectateur. Ces activités nourrissent leur imaginaire et favorisent leur épanouissement.*

## LES JEUX COLLECTIFS

Les jeux collectifs aident les enfants à collaborer et à contrôler leurs émotions. Pour prendre plaisir à jouer tout en respectant les autres, il faut en effet apprendre à partager (un enfant de petite section peut avoir du mal à partager la balle !), comprendre et respecter des règles (respect des consignes, respect d'un espace délimité...).

Lors de tous ces jeux, les élèves peuvent être désignés arbitres, simples observateurs, ou responsables de la durée du jeu.

Au début de l'école maternelle, les jeux sont très simples, avec une seule règle. Pour le jeu des « déménageurs », par exemple, les enfants doivent transporter le plus vite possible tous les objets (balles, anneaux, cartons...) d'une « maison » à une autre « maison » située à l'autre extrémité de la salle de jeu.

Puis les jeux se complexifient au fil des sections. Les enfants apprennent à **coopérer** et découvrent la notion d'équipe. Ainsi dans « les gendarmes et les voleurs », les gendarmes doivent réfléchir ensemble à la meilleure façon de se placer pour attraper les voleurs. Ils doivent aussi accepter de jouer **différents rôles** : ils sont gendarmes, puis voleurs. Dans d'autres jeux comme ceux de poursuite (l'épervier ou la rivière au crocodile), le joueur attrapé passe dans le camp adverse.

L'enseignant peut également proposer des jeux d'opposition, comme celui où il faut attraper les pinces à linge fixées sur les vêtements d'un camarade sans se faire prendre les siennes, ou comme le jeu de « la tortue », où il faut essayer de retourner sur le dos un camarade qui est à quatre pattes.

À la fin d'une partie, l'enseignant et les élèves se réunissent pour un moment d'échange au calme qui permet de faire progresser l'activité : les règles sont rappelées, les élèves parlent de la partie et partagent leurs stratégies : « Paul a fait semblant de courir après Ambre et après il m'a touché » ; « Moi, pour ne pas me faire attraper, je... ».

## À la maison

*Lors des activités, des jeux collectifs ou des courses, certains enfants ont du mal à accepter la défaite ou le simple fait de ne pas être en tête. Si votre enfant est « mauvais perdant », privilégiez d'abord les jeux de coopération comme construire ensemble le plus haut château possible, et non pas faire un concours du château le plus haut ou bien des jeux où il faut battre son propre record ! Il apprendra le plaisir de jouer puis, peu à peu, à moins être dans la compétition.*

Flashez ce code pour regarder une vidéo sur le thème abordé.

## CE QUI EST ATTENDU DES ENFANTS EN FIN DE MATERNELLE

- Courir, sauter, lancer de différentes façons, dans des espaces et avec des matériels variés, dans un but précis.
- Ajuster et enchaîner ses actions et ses déplacements en fonction d'obstacles à franchir, ou de la trajectoire d'objets sur lesquels agir.
- Se déplacer avec aisance dans des environnements variés, naturels ou aménagés.
- Construire et conserver une séquence d'actions et de déplacements en relation avec d'autres partenaires, avec ou sans support musical.
- Coordonner ses gestes et ses déplacements avec ceux des autres lors de rondes et de jeux dansés.
- Coopérer, exercer des rôles différents et complémentaires, s'opposer, élaborer des stratégies pour viser un but ou un effet commun.

# Pratiquer des activités artistiques

## Chapitre 4

# PRATIQUER DES ACTIVITÉS ARTISTIQUES

## LES ENJEUX

Les pratiques artistiques[15] à l'école participent à la construction d'**une première culture artistique** que chaque enfant enrichira tout au long de sa vie. L'objectif est que tous les enfants puissent « rencontrer » des pratiques artistiques qu'ils n'auraient pas forcément l'occasion de découvrir en dehors de l'école.

À la maternelle, trois domaines artistiques sont abordés :

- les arts visuels (peinture, sculpture, dessin, photographie, cinéma, bande dessinée...) ;
- les arts du son (chansons, musiques instrumentales et vocales...) ;
- les arts du spectacle (danse, théâtre, arts du cirque, marionnettes...).

Côtoyer ces trois domaines artistiques dès l'école maternelle permet de commencer un long parcours d'éducation artistique et culturelle. Chaque enfant y trouvera l'occasion de découvrir différentes formes d'expression artistique, d'être ému, de développer son imaginaire et sa sensibilité, et de formuler des choix pour exprimer ses goûts.

À l'école, votre enfant a de nombreuses occasions de **pratiquer des activités artistiques**, dans des situations très différentes : seul, en petit groupe ou avec toute la classe. Dans toutes les classes, des temps libres de création sont proposés. Les essais sont toujours valorisés et encouragés.

Au fil du temps, l'enseignant propose des activités plus guidées, avec plusieurs contraintes, comme peindre des traits verticaux sur une feuille d'une certaine couleur et remplir les intervalles d'une autre couleur, réaliser un fond avec des arabesques à la craie puis coller sur ce fond une forme (un personnage, un bateau, une fleur...) créée en assemblant des triangles de papier, à la manière de Gustav Klimt, etc.

---

[15] *Intitulé officiel du domaine d'apprentissage dans le nouveau programme : « Agir, s'exprimer, comprendre à travers les activités artistiques ».*

## FAIRE DES SORTIES CULTURELLES

Pendant les années de maternelle, les enseignants emmènent leurs élèves, autant que possible, au musée, au cinéma, au spectacle, etc. Les élèves goûtent ainsi au **plaisir d'être spectateur**. Toutes les sorties s'inscrivent dans un projet pédagogique de l'enseignant. Avant la sortie, il peut sensibiliser les élèves à ce qu'ils vont découvrir, par exemple, s'il s'agit de sculptures, leur montrer des photos, parler des volumes, des matériaux. Après la sortie, l'enseignant prend également le temps de laisser les enfants s'exprimer sur ce qu'ils ont vu. Des activités prolongent généralement la visite : s'essayer à produire à la manière d'untel, rencontrer d'autres œuvres en lien avec celles que l'on a vues. Les enseignants essaient de présenter aux élèves les œuvres les plus diversifiées possibles : peinture, cinéma, sculpture, concerts de musique classique ou contemporaine.

### Une clé en plus

*Les enfants ont une étonnante ouverture d'esprit, ils sont capables d'apprécier une peinture abstraite ou un court film muet autant que le dernier dessin animé à la mode ! Alors, même si votre enfant vous demande de voir et revoir ce qu'il connaît déjà (son dessin animé préféré), il sera toujours ravi de découvrir une nouveauté. Essayez de lui faire diverses propositions (une exposition, un spectacle de danse, une pièce de théâtre, un DVD de courts-métrages...).*

## EXPRIMER SES ÉMOTIONS ET SES IMPRESSIONS

Devant une nouvelle œuvre présentée, chaque enfant explique ce qu'il ressent (étonnement, joie, tristesse, indifférence...) et ce à quoi cela lui fait penser en enrichissant et en précisant progressivement son vocabulaire. Quand il présente aux autres sa réalisation (dessin, modelage, collage...), il apprend à expliquer sa démarche et les choix qu'il a faits. Les élèves sont ensuite invités à comparer leurs « œuvres », mais toujours dans un esprit de bienveillance et de partage, et non de jugement ou de compétition. L'enfant apprend à passer du « c'est moche » ou « c'est beau » à des commentaires plus constructifs et plus argumentés, plus respectueux de ses camarades.

## À la maison

*Si vous avez la chance de vivre près d'un musée, profitez-en ! De nombreux musées proposent des ateliers ou des visites spécialement conçus pour les enfants. Sinon, soyez observateurs : chaque statue d'un village ou d'un parc, chaque monument officiel ou édifice religieux est une œuvre d'art ! Vous pouvez aussi emprunter de beaux livres d'art dans une bibliothèque. Et surtout, n'ayez pas de complexe : nul besoin d'être un expert pour apprécier l'œuvre d'un artiste. Donnez simplement envie à votre enfant de s'y intéresser.*

*Échangez avec lui sur ce que vous inspire une œuvre, car il a aussi besoin d'entendre les adultes s'exprimer. Commencez simplement par décrire ce que vous voyez, puis cherchez à quoi cela vous fait penser (un souvenir ? un livre ?) et ce que cela fait naître en vous comme émotion.*

## LES ARTS PLASTIQUES ET VISUELS

Au fil du temps, l'enfant passe d'une création « par hasard », par tâtonnements, à une création plus réfléchie, plus anticipée. Arrivé en grande section, il est capable de dire ce qu'il a envie de faire avant de commencer (peindre un château fort avec des soldats) et de s'y tenir jusqu'à la fin de l'atelier, en choisissant les couleurs et la disposition de

ce qu'il va dessiner. Un enfant de petite section, lui, va plutôt peindre des motifs au hasard, en choisissant des couleurs qu'il aime.

L'enseignant installe souvent un espace en accès libre dédié au dessin. Les élèves y trouvent **un matériel varié** pour dessiner : du papier blanc, de couleur, fin, épais, de différents formats, des crayons, des feutres, des craies... Ils sont souvent invités ensuite à présenter leurs dessins à leurs camarades.

Parallèlement au dessin libre, l'enseignant propose des dessins « avec consigne ». Par exemple, après avoir lu *Jacques et le haricot magique*, un enseignant peut demander aux élèves de dessiner Jacques avec l'ogre. Il faut donc qu'on reconnaisse bien l'ogre, qui doit être grand et avoir l'air méchant, et Jacques, qui doit être plus petit et peut-être avoir l'air effrayé... Au terme de l'activité, il y a en général un moment d'échange entre les élèves et l'enseignant. À partir des dessins affichés, les élèves peuvent dire ce qu'ils en pensent, chercher ce qui pourrait être amélioré, ou comparer les différentes façons de répondre à une consigne. Ces moments sont importants pour faire évoluer les dessins, mais aussi pour **enrichir et affiner le langage**. Dans tous les cas, l'enseignant reste positif et félicite l'enfant pour l'effort qu'il a fourni.

## À la maison

*Vous pouvez laisser à disposition de votre enfant un petit stock de papiers divers (brouillon, chutes de papier, carnets ou agendas non terminés...) et quelques feutres et crayons. Demandez-lui de vous présenter ses dessins : là où vous ne verrez qu'un simple « gribouillage », il vous expliquera tout un monde rempli de détails ! Parfois, il vous répondra que « c'est juste un dessin »... Vous pouvez aussi conserver des dessins tout au long de sa scolarité pour lui montrer leur évolution.*

Votre enfant apprend aussi à observer et à reproduire des graphismes décoratifs, c'est-à-dire des motifs (spirales, boucles...) répétitifs et tracés à la main. Ce travail permet de développer **son sens de l'observation**. Il peut par exemple rechercher un motif sur un tissu africain, sur la photographie d'une poterie antique, sur une frise de carrelage, sur des papiers peints, dans la classe...

Les élèves s'entraînent à **reproduire un modèle**, d'abord pour s'exercer, puis pour mettre en valeur une autre production (décorer le cadre d'un dessin ou une carte de vœux). L'enseignant prépare souvent une affiche avec les différents graphismes, une sorte de catalogue dans lequel les enfants viennent piocher quand ils en ont besoin. Pour les plus petits, ce travail se fait d'abord sur grand format, pour s'entraîner avec des gestes amples qui permettent de bien les mémoriser. Pour les plus grands, l'enseignant demande plus de **précision**, les élèves doivent par exemple travailler dans un petit cadre, avec des outils plus fins. Ils peuvent même inventer de nouveaux graphismes. L'enseignant verbalise les gestes du tracé et propose progressivement à l'élève de le faire lui-même : ma main monte, elle tourne vers la droite...

En fin d'école maternelle, l'enfant reconnaît les éléments qui composent une frise et il est capable d'observer et de reproduire finement un modèle. Cette habileté lui facilitera l'entrée dans l'écriture.

## À la maison

*Dans votre maison, votre immeuble ou votre rue, ouvrez l'œil ! Il y a certainement des graphismes et des motifs que votre enfant peut s'amuser à repérer : des grilles en fer forgé, des balustrades, des portails, des façades. Vous pouvez aussi l'aider à percevoir des motifs ou des frises dans des albums ou des magazines.*

Les élèves apprennent aussi à découvrir les couleurs et à manipuler les formes et les volumes. En début d'école maternelle, ils découvrent les mélanges des couleurs primaires : le bleu, le jaune et le rouge. Ainsi, en mélangeant plus ou moins de bleu et de jaune, ils s'amusent à créer des tons verts différents. Plus tard, ils découvrent les nuances et les dégradés (comment rendre une couleur plus claire ou plus foncée). Tout en expérimentant, ils apprennent un vocabulaire précis pour décrire leurs actions (frotter, mélanger, foncer, éclaircir...) et leurs résultats (c'est brillant, transparent...).

Les enfants utilisent également différents matériaux pour réaliser des productions en volume : du carton, du papier journal, de l'argile, de la pâte à modeler, du fil de fer, etc. À partir d'un matériel donné, une consigne peut leur être proposée comme un petit défi à résoudre. Par exemple, comment transformer ce carton en animal qui tient debout sur ses pattes ? Ils développent ainsi leur imagination et leur vision de l'espace en trois dimensions.

Ces techniques de création peuvent **s'inspirer d'un courant artistique** ou d'un artiste dont les œuvres sont alors présentées en classe. L'enseignant guide l'observation des élèves pour leur faire repérer les éléments essentiels de l'œuvre : la composition, les couleurs, les personnages. Il les incite à livrer les émotions que l'œuvre suscite en eux. Il accompagne les élèves d'une première observation spontanée à une observation plus guidée. Quelques exemples : réaliser un collage à la manière de Matisse, une sculpture en fil de fer comme Alexander Calder, ou une peinture à la façon des impressionnistes.

## À la maison

*Vous pouvez vous aussi jouer à transformer un matériau ou un objet ! Pour cela, utilisez des matériaux du quotidien à détourner : en découpant et en collant des rouleaux d'essuie-tout et des petites boîtes en carton, vous pouvez tenter de faire un train !*

*De multiples sites Internet et des livres d'activités manuelles proposent des idées de réalisations originales.*

Votre enfant développe peu à peu **un esprit d'analyse** envers toutes les images qu'il rencontre au quotidien (qu'elles soient fixes ou animées, réelles, fictives). Il apprend à se questionner : « Est-ce que j'aime ce que je vois et pourquoi ? Est-ce que je reconnais quelque chose ? Est-ce que cela me rappelle autre chose ? ».

## Une clé en plus

*Ce travail de questionnement sur les images est fondamental pour les enfants d'aujourd'hui, abreuvés d'images dès leur plus jeune âge. N'hésitez pas à parler le plus souvent possible à votre enfant de ce qu'il est en train de voir, de lui expliquer par exemple à quoi sert une publicité, de lui apprendre à faire la différence entre des images de fiction, inventées pour une histoire, et des images réelles, comme celles d'un album photos.*

## LA MUSIQUE ET LE CHANT

À l'école maternelle, votre enfant apprend à **maîtriser sa voix** en s'amusant à la faire varier pour réciter une comptine ou chanter (en chuchotant, en criant, en imitant un robot, des cris d'animaux…). Il découvre également les notions de volume, de hauteur et de rythme.

Par ailleurs, il se familiarise avec un répertoire de chansons qui s'enrichira au fur et à mesure de sa scolarité. Ces chansons sont évidemment de difficulté croissante tout au long de la maternelle. Progressivement, les élèves découvrent le plaisir de chanter en chœur et apprennent à s'écouter chanter les uns les autres.

Votre enfant peut aussi être amené à découvrir des instruments de musique, à entendre leurs sonorités, à éventuellement les manipuler, sans apprendre pour autant à jouer d'un instrument en particulier. Il découvre que l'on peut les classer par familles : les percussions, les vents, les cordes. Il compare ces instruments et peu à peu maîtrise les verbes d'action correspondants : les instruments que l'on frappe, que l'on frotte, dans lesquels on souffle, etc.

De façon ludique, l'enseignant propose, par ailleurs, de créer des sons en utilisant son corps comme instrument, en tapant dans ses mains, sur ses cuisses, sur ses bras, avec les pieds, et de comparer les sons qui en résultent. Après **cette phase d'exploration**, l'élève s'entraîne à reproduire des rythmes de plus en plus difficiles.

Enfin, comme pour les arts visuels, l'enseignant veille à la plus grande diversité de ce qu'il propose (musique classique ou contemporaine, musique du monde, avec ou sans voix...). **Une première culture musicale** est amorcée : les enfants commencent à repérer certaines ressemblances ou différences entre les styles de musique.

Ces activités d'écoute ont lieu chaque jour. Elles permettent d'affiner l'attention et la concentration qui, progressivement, sont de plus en plus soutenues : les élèves s'exercent ainsi à repérer une mélodie qui revient dans un morceau, ou bien à quel moment la musique s'accélère ou devient plus forte.

## À la maison

*Rien ne remplace l'écoute d'un véritable instrument de musique ! Que ce soit un cousin qui joue de la guitare, un musicien de rue, une fanfare, un concert de jazz ou de musique folklorique, une chorale de Noël, peu importe... L'essentiel est de pouvoir ressentir les vibrations des voix et des instruments !*

*Si votre enfant essaye de vous chanter une chanson ou une comptine apprise à l'école mais dont il ne se souvient plus très bien, vous pouvez taper les quelques paroles qu'il a retenues dans un moteur de recherche Internet et vous la retrouverez sûrement pour pouvoir chanter avec lui !*

## LES ACTIVITÉS DU SPECTACLE VIVANT

Les activités du spectacle vivant comprennent la danse, le cirque, le mime, le théâtre, les marionnettes... L'objectif visé n'est pas d'aboutir systématiquement à un grand spectacle avec représentation devant les parents, mais de **faire vivre aux élèves différentes expériences**.

Grâce à ces activités, votre enfant prend mieux conscience de son corps et découvre de nouvelles **sensations** et **émotions**, différentes de celles de la vie quotidienne. Ainsi, il pourra s'amuser à se déplacer de manière inhabituelle : comme un géant, comme quelqu'un de très pressé ou de tout mou, en étant collé à un camarade...

À chaque séance, les enfants cherchent toutes les possibilités de répondre à une consigne donnée, comme chercher tout ce qu'on peut faire avec un foulard : le faire tournoyer, le lancer puis le rattraper sur sa tête, le faire sauter dans ses mains... Puis ils montrent leurs trouvailles, ils imitent celles de leurs camarades et chacun enrichit ainsi son « répertoire ».

En lien avec les activités autour des arts du spectacle, les enfants essayent peu à peu d'organiser leurs déplacements dans l'espace, ils apprennent à les enchaîner, à en répéter certains, et, pour les plus grands, ils y ajoutent des émotions. Ils construisent progressivement une petite chorégraphie.

Tour à tour, les enfants sont mis en situation d'être acteurs ou spectateurs. En tant qu'acteurs, ils développent leur confiance en eux et **une plus grande assurance** face à un public. En tant que spectateurs, les élèves apprennent l'attention et l'écoute. Les séances sont toujours accompagnées de moments d'échanges qui développent leur langage.

## À la maison

*N'hésitez pas à emmener votre enfant voir des spectacles adaptés à son âge : danse, cirque, théâtre... Dans de grands théâtres comme dans des petites salles de quartier ou de village, vous aussi vous y prendrez du plaisir ! Votre enfant s'habituera ainsi à être spectateur : respecter le silence pendant le spectacle, applaudir, donner son avis... Prenez donc le temps d'en discuter avec lui à la fin : qu'a-t-il apprécié le plus ? Le moins ? Qu'a-t-il ressenti ? À quoi cela lui a-t-il fait penser ? Et, bien sûr, échangez vos impressions avec lui !*

Flashez ce code pour regarder une vidéo sur le thème abordé.

## CE QUI EST ATTENDU DES ENFANTS EN FIN DE MATERNELLE

- Avoir mémorisé un répertoire varié de comptines et de chansons et les interpréter de manière expressive.
- Jouer avec sa voix pour explorer des variantes de timbre, d'intensité, de hauteur, de nuances.
- Repérer et reproduire, corporellement ou avec des instruments, des formules rythmiques simples.

- Décrire une image, parler d'un extrait musical et exprimer son ressenti ou sa compréhension en utilisant un vocabulaire adapté.
- Choisir différents outils, médiums[16], supports, en fonction d'un projet ou d'une consigne, et les utiliser en adaptant son geste.
- Pratiquer le dessin pour représenter ou illustrer, en étant fidèle au réel ou à un modèle, ou en inventant.
- Réaliser une composition personnelle en reproduisant des graphismes. Créer des graphismes nouveaux.
- Réaliser des compositions plastiques, seul ou en petit groupe, en choisissant et en combinant des matériaux, en réinvestissant des techniques et des procédés.
- Proposer des solutions dans des situations de projet, de création, de résolution de problèmes, avec son corps, sa voix ou des objets sonores[17].

[16] *Tous les matériaux utilisés à l'école pour les arts visuels (carton, peinture, terre, etc.).*
[17] *Exprimer sa créativité dans le cadre de projets artistiques en dansant, en chantant ou en utilisant un instrument.*

# Découvrir les « mathématiques »

## Chapitre 5

# DÉCOUVRIR LES « MATHÉMATIQUES »

Ce domaine d'apprentissage va permettre de **développer la réflexion et le sens de la logique** de votre enfant. Les activités sur les nombres, les formes et les grandeurs contribuent à l'organisation de la pensée et aident à construire le raisonnement. Le langage occupe également une place essentielle : il permet de décrire, d'émettre des hypothèses, de discuter sur la façon dont on perçoit et on comprend les choses, de préparer des réponses à des questions précises et de donner des consignes d'action pour résoudre une situation proposée.

## LES NOMBRES ET LEURS UTILISATIONS

Le nombre fait partie de la vie quotidienne de la classe comme il fait partie de notre vie de tous les jours. De multiples moments ou activités permettent de travailler ce domaine appelé « Construire les premiers outils pour structurer la pensée ».

À l'issue de ces trois ou quatre années, votre enfant aura compris ce qu'est un nombre et qu'il peut avoir deux fonctions : exprimer **des quantités** (il y a cinq pommes dans le panier, il y a vingt-quatre élèves présents aujourd'hui) ou désigner **un rang** (c'est le cinquième enfant dans la file, nous sommes le 24 mai). Simultanément, votre enfant apprend à réciter des suites de nombres (les nombres dans l'ordre ce que l'on appelle la « comptine numérique »), à lire et à écrire des nombres et à les décomposer.

Ces apprentissages progressifs sont longs et complexes, aussi ne seront-ils pas forcément tous assimilés en fin d'école maternelle. L'enseignant met en œuvre des situations d'apprentissage très variées pour que les enfants manipulent, jouent et expérimentent en utilisant des matériels diversifiés. C'est la complexification progressive des situations données, associée à un entraînement régulier tout au long du cycle, qui va permettre d'ancrer solidement les connaissances.

### UTILISER DES NOMBRES POUR EXPRIMER DES QUANTITÉS

L'enjeu ici n'est pas seulement de mémoriser une suite de nombres mais de conduire les élèves à comprendre les relations entre les quantités (cinq, c'est quatre plus un). Les diverses situations proposées amènent peu à peu à stabiliser des connaissances. Elles seront ainsi réutilisables dans d'autres situations.

Cet apprentissage du nombre passe d'abord par **la manipulation** : les enfants s'entraînent à compter leurs doigts, à compter des objets sur une table, à compter en déplaçant les objets, en les mettant dans une boîte, à compter des cases sur un jeu de plateau lors du déplacement d'un pion... Plus tard, ils compteront sans avoir besoin de déplacer les objets ou de les désigner : ils reconnaîtront directement la représentation des nombres sur les dés ou les dominos. La manipulation est toujours riche car elle amène les enfants à parler de leurs actions : ils échangent sur ce qu'ils font, sur ce qu'ils ont compris. Le langage est encore ici un moyen essentiel pour construire les connaissances.

En petite section, les enfants comparent d'abord des quantités de manière approximative : « un peu », « beaucoup ». Ils apprennent ensuite, s'ils ne le connaissent pas déjà... le un ! Donner un crayon et un seul, dessiner un bonhomme et pas deux, prendre un jeton, mettre un objet dans chaque boîte, avancer un pion d'une case...

Quand l'élève réussit sans se tromper, le deux est approché : deux, c'est un et encore un. Et chaque nombre est « construit » ainsi : trois, c'est deux plus un, ou un plus deux. Quatre, c'est deux plus deux, ou trois plus un... Ce travail de **décomposition** construit la notion de nombre pour indiquer des quantités. Les élèves apprennent aussi à comparer des « collections » : on ramasse des marrons ou on compte avec des jetons pour savoir s'il y en a « autant », « plus » ou « moins ».

Tous les élèves n'avancent pas au même rythme, l'enseignant propose donc des activités adaptées. Un enfant peut entrer en maternelle en sachant réciter une comptine numérique jusqu'à dix et en sachant compter six à huit objets. Un autre enfant parviendra à compter jusqu'à cinq et à compter quatre objets à la fin de son année de petite section. Certains élèves semblent maîtriser les nombres, ce qui ne signifie pas qu'ils aient acquis la notion de quantité, car réciter la suite de nombres de la comptine numérique ne suffit pas à savoir compter. On peut savoir réciter **la comptine numérique** jusqu'à quinze mais ne pas savoir dénombrer cinq objets. C'est la variété des situations proposées aux élèves qui permet d'installer le dénombrement : compter une quantité pour répondre à la question « Combien y a-t-il de...? ».

## DES APPRENTISSAGES QUI PASSENT PRINCIPALEMENT PAR DES JEUX

Dans le « coin cuisine » de la classe, les enfants mettent la table : cela suppose de donner une assiette à chacun, de disposer le bon nombre de verres. Dans le « coin épicerie », ils jouent à la marchande et passent des commandes : ils demandent quatre carottes ou donnent un papier sur lequel la quantité de légumes souhaitée est inscrite. Des jeux de société ou du matériel scolaire (boîtes à compter, jeux pédagogiques ou encore jeux fabriqués en classe) permettent d'installer durablement ces apprentissages. Chaque jeu permet de travailler des connaissances particulières : par exemple, au memory, on entraîne la reconnaissance des collections ou l'association de différentes écritures du nombre (collection/chiffre écrit).

### À la maison

*Vous pouvez aider votre enfant à progresser en jouant avec lui avec ses jouets (« On prend deux voitures chacun, pour jouer ? »), ou en jouant à des jeux de société de son âge, ou encore en le faisant participer à des tâches quotidiennes (« Peux-tu m'aider à mettre le couvert ? Combien sommes-nous ? Cinq ! Il faut donc cinq assiettes, cinq verres, et autant de fourchettes que de couteaux... », « Nous allons faire un gâteau : il faut trois œufs, un pot de yaourt, deux pots de yaourt remplis de farine, un pot de yaourt rempli de sucre... »). Avec vos encouragements, il sera fier d'aider à ces activités, qui vous permettront de suivre ses progrès tout au long du cycle.*

*Les jeux de société sont aussi un bon moyen de se familiariser avec les nombres. Il existe des jeux pour reconnaître les nombres, les ordonner, pour compter, pour avancer sur un jeu de plateau... Les parties sont généralement très courtes (dix minutes environ). Votre enfant sera heureux d'avoir partagé ce moment avec vous et il apprendra aussi à respecter les règles, à se concentrer, et à suivre le jeu jusqu'à la fin.*

## UTILISER LES NOMBRES POUR RÉSOUDRE DES PROBLÈMES

L'enseignant propose des petits scénarios : « J'ai cinq perles dans la main, j'en ajoute une. Combien en ai-je maintenant ? » ou « J'ai cinq bonbons, j'en offre trois, combien m'en reste-t-il ? ». Ces situations permettent de travailler sur les nombres et les quantités en s'appuyant sur la manipulation d'objets.

À cette étape, il s'agit pour les élèves de réfléchir et de trouver une façon de **résoudre le problème**, en comptant sur leurs doigts ou en dessinant la situation, par exemple.

Ces problèmes se complexifient peu à peu : « Il y avait cinq fleurs sur cette plante, il n'en reste que deux : combien sont fanées ? », « Nous avons quatre œufs pour les gâteaux et il en faut neuf. Combien en manque-t-il ? ».

### Une clé en plus

*Ces petits problèmes reposent sur des quantités ne dépassant pas dix. Les opérations et les signes (+, -, =) ne seront appris qu'à l'école élémentaire.*

## UTILISER LES NOMBRES POUR DÉSIGNER UN RANG

Les enfants apprennent également à utiliser les nombres pour indiquer une position ou un rang dans une file, par exemple lors d'une activité sportive (« Tu lances le ballon dans le troisième cerceau ») ou d'une partie d'un jeu de société (« L'escargot rouge est arrivé en premier, le vert est deuxième. »).

## RÉCITER LA « SUITE DES NOMBRES »

Les élèves apprennent également à réciter les nombres dans l'ordre, c'est la comptine numérique : un, deux, trois, quatre, cinq, six et jusqu'à trente ou plus en fin d'école maternelle. Cet apprentissage est mis en parallèle avec la relation entre le nombre et les quantités. Savoir dire la comptine numérique est nécessaire pour apprendre à dénombrer (compter une quantité), même si cela ne suffit pas. C'est pourquoi il est essentiel que votre enfant sache réciter la comptine numérique de façon sûre, dans l'ordre, en identifiant bien chaque mot et en allant jusqu'à trente en fin de grande section.

Les comptines aident les enfants à **mémoriser la suite des nombres**. Elles sont souvent accompagnées de jeux de doigts pour apprendre à compter. Elles permettent de faire le lien entre le nombre et la quantité qu'il représente (« Un, deux, trois nous irons au bois – quatre, cinq, six cueillir des cerises... ») et constituent ainsi une introduction au dénombrement.

Ces apprentissages sur la suite des nombres sont confortés par des activités qui permettent de « jouer » avec les nombres. Ainsi, les enfants s'entraînent parfois à compter à rebours (cinq, quatre, trois, deux, un) ou à compter à partir d'un nombre donné (« on compte à partir de six ») afin de mieux maîtriser la suite des nombres. Cette activité permet de favoriser la mémorisation et de repérer quel nombre est avant ou après un nombre donné.

### À la maison

*Vous pouvez chanter les comptines numériques que vous connaissez avec votre enfant, ou celles qu'il apprend à l'école : « Un, deux, trois, j'irai dans les bois... », « Ils étaient cinq dans un lit et le petit dit... ». Vous retrouverez en général les comptines apprises en classe dans son cahier de vie.*

*N'hésitez pas à fournir à votre enfant des occasions d'utiliser ses connaissances. Vous pouvez lui demander d'aller chercher trois œufs dans le réfrigérateur ou de servir une part de gâteau à chaque membre de la famille...*

### LIRE ET ÉCRIRE DES NOMBRES

Parallèlement, les élèves se familiarisent avec les nombres écrits et apprennent à les reconnaître par le biais de jeux variés ou par l'usage du calendrier.

Les enfants apprivoisent **l'écriture des chiffres** et apprennent à les tracer comme ils le font avec les lettres de l'alphabet. Les tracés doivent respecter un sens et un ordre précis indiqués par l'enseignant. Ces travaux sont associés à différentes représentations du nombre par exemple sous forme de collection de points, comme sur les dominos, ou de doigts de la main.

## LES FORMES, LES GRANDEURS ET LES SUITES ORGANISÉES

En arrivant à l'école maternelle, votre enfant a déjà joué avec des formes à empiler, à emboîter ou à encastrer. Il a par exemple essayé de nombreuses fois de faire entrer un objet rond dans un trou de forme carrée, avant de le glisser dans le trou de la forme adaptée. À l'école maternelle, il découvre les différences entre les formes et apprend à les nommer. Il comprend que les objets peuvent être regroupés selon certaines de leurs caractéristiques : la forme, la longueur, le nombre de côtés, de sommets...

Votre enfant a sans doute déjà remarqué qu'il y a des choses plus grandes que d'autres, plus petites, plus lourdes, plus légères, ou bien dans lesquelles on peut mettre plus ou moins d'eau. À l'école, **il apprend à comparer, à expliquer, à essayer de prouver ces différences et à pouvoir ensuite classer des objets**. Ce travail constitue la base de la géométrie et de la mesure qui seront enseignées à l'école élémentaire.

Les enfants manipulent beaucoup de matériel pour explorer les formes et les grandeurs, car c'est par la vue et le toucher qu'ils apprennent à les reconnaître. Chaque activité, chaque construction ou chaque jeu sont accompagnés d'un moment d'échange qui permet d'identifier des caractéristiques (nombre de côtés, bords droits ou courbes...) et d'établir des comparaisons (plus grand, plus petit...).

## LES FORMES

### Trier et classer les solides et les formes

« Mettre ensemble ce qui va ensemble » : par cette activité régulière de manipulation, menée en groupe ou individuellement, les enfants découvrent que certains objets appartiennent à plusieurs catégories, alors que d'autres ne rentrent que dans une seule. Ils établissent des catégories qu'ils expliquent à leurs camarades. « J'ai mis les objets qui roulent ensemble, puis j'ai mis les objets pointus ensemble. » En grande section, ils affinent leurs critères et deviennent capables d'utiliser un vocabulaire de plus en plus précis : « J'ai mis ensemble les formes qui ont quatre côtés. »

Les élèves apprennent à distinguer des solides : cube, boule, pyramide, cylindre. Ils peuvent prendre les empreintes des faces des solides avec de la peinture et ainsi découvrir les formes planes : carré, rectangle, triangle, cercle. Ils apprennent à utiliser un vocabulaire précis pour nommer et dessiner. L'observation de reproductions de certaines œuvres d'art (tableaux de Paul Klee, Piet Mondrian, Robert et Sonia Delaunay...) leur permet de chercher et de reconnaître des formes pour essayer de les dessiner à leur tour.

Afin d'aider l'élève à **se familiariser avec les formes**, l'enseignant peut également mettre en place des jeux ou des parcours à suivre lors des activités physiques. Par exemple, au signal, rejoindre le plus vite possible la forme indiquée par l'enseignant, se déplacer uniquement en passant sur des ateliers marqués d'un triangle...

### Manipuler et reconnaître des formes et assemblages plus complexes

Dès leur plus jeune âge, les enfants jouent spontanément avec des jeux de construction, en laissant libre cours à leur imagination. En classe, des activités plus guidées s'ajoutent, qui favorisent **la construction d'assemblages** de plus en plus complexes. Les enfants peuvent construire d'abord en utilisant un modèle, puis travailler ensuite à partir d'une photo. Ils apprennent aussi à construire en suivant des fiches de construction simples, qu'ils savent suivre en grande section, seuls ou à plusieurs.

Les puzzles, tangrams et jeux de pavage, leur permettent, parallèlement, d'apprendre à reproduire un assemblage de formes « à plat ». La complexité de ces jeux varie en fonction de l'âge et des capacités des enfants. L'enseignant augmente peu à peu la difficulté en modifiant le nombre de pièces, leur découpe, la présence ou non d'un modèle, etc.

## À la maison

*Les jeux de construction développent l'imaginaire et contribuent à poser les bases de ce qui deviendra la géométrie à l'école élémentaire. Encouragez votre enfant à vous montrer ses constructions et construisez avec lui ! Vous pouvez vous procurer un jeu de construction en bois pour les plus petits (cubes et autres formes géométriques), ou des jeux plus adaptés aux plus grands et aux envies de votre enfant.*

*Beaucoup d'enfants apprécient de faire des puzzles à plusieurs : lancez-vous !*

### LES GRANDEURS

Les élèves sont amenés progressivement à comparer des grandeurs, c'est-à-dire des longueurs (« Combien mesure-t-il ? »), des masses (« Combien pèse-t-il ? ») et des contenances (« Combien contient-il ? »), sans toutefois apprendre à mesurer en centimètres, en grammes ou en litres.

**« Du plus petit au plus grand »**

Les enfants apprennent à **trier** (petit, moyen, grand), puis à **classer** différents objets du plus petit au plus grand (poupées russes, tours, personnages...). Le nombre d'objets à classer ainsi que leur forme complexifieront l'activité.

Les élèves n'apprennent pas à utiliser une règle graduée à l'école maternelle. Ils comparent les objets en les mettant côte à côte ou éventuellement en utilisant des bandelettes de papier ou une ficelle qu'ils peuvent marquer, plier ou couper à la taille des objets à comparer. Ils peuvent aussi utiliser cette technique après avoir planté une graine pour indiquer la croissance de la plante : de semaine en semaine, on « mesurera » sa taille. On pourra alors comparer les différentes bandes de papier pour évaluer sa pousse.

**« Plus lourd ou plus léger ? »**

Les élèves comparent d'abord des objets en les regardant, puis en les touchant. Pour comparer deux objets de masses (« poids ») différentes, ils les soupèsent. Ils découvrent par exemple que l'objet le plus volumineux n'est pas forcément le plus lourd... Ils sont encouragés à faire plusieurs essais, à **expérimenter de multiples solutions** pour trouver le moyen le plus efficace de comparer.

**« Contient plus ou contient moins ? »**

Avec d'autres objets (pots, gobelets, récipients divers...), l'enseignant travaille les contenances. Il questionne les élèves : « Cet objet contient-il plus d'eau que celui-ci ? », « Dans quel récipient peut-on mettre le plus de sable, celui-ci ou celui-là ? ». Après une phase de manipulation, des comparaisons de procédures et des discussions, les enfants concluent qu'il est possible de transvaser le contenu d'un récipient dans un autre pour découvrir lequel a la plus grande contenance.

## LES SUITES LOGIQUES (APPELÉES EN MATERNELLE « ALGORITHMES »[18])

Dès la petite section, les élèves sont encouragés à **réaliser des suites de couleurs ou de formes** en fabriquant par exemple des colliers de perles (une perle rouge, une perle verte, une perle rouge, une perle verte) ou en décorant une frise (avec une gommette carrée puis une ronde, une carrée, une ronde…). Ils apprennent ensuite à repérer comment une suite commence (sur un collier, par exemple) et à la continuer en respectant toujours le même rythme.

Au fil du temps, les activités se poursuivent avec des suites plus complexes, par exemple trois rouges, deux verts, un jaune, etc. Les enfants peuvent également compléter des trous dans une suite, ou inventer eux-mêmes la suite, notamment décorative (créer un cadre autour de leur peinture en collant des gommettes ou en dessinant des motifs répétitifs).

### À la maison

*Demandez à votre enfant de repérer des suites de motifs autour de lui : des faïences sur le bord de la fenêtre, du carrelage, un papier peint, un pavage sur une place et bien d'autres surprises dans la rue…*

*Faites-lui construire des suites organisées à partir des objets de la maison ou bien des jouets, par exemple avec un jeu de construction de cubes de couleurs.*

Flashez ce code pour regarder une vidéo sur le thème abordé.

[18] *Un algorithme est une suite organisée. Par exemple, fabriquer un collier de perles en respectant l'alternance de trois couleurs de perles.*

## CE QUI EST ATTENDU DES ENFANTS EN FIN DE MATERNELLE

### UTILISER LES NOMBRES

- Évaluer et comparer des collections d'objets avec des procédures numériques ou non numériques.

- Réaliser une collection dont le cardinal[19] est donné. Utiliser le dénombrement pour comparer deux quantités, pour constituer une collection d'une taille donnée ou pour réaliser une collection de quantité égale à la collection proposée.

- Utiliser le nombre pour exprimer la position d'un objet ou d'une personne dans un jeu, dans une situation organisée, sur un rang, ou pour comparer des positions.

- Mobiliser des symboles analogiques, verbaux ou écrits, conventionnels ou non conventionnels, pour communiquer des informations orales et écrites sur une quantité[20].

### ÉTUDIER LES NOMBRES

- Avoir compris que le cardinal ne change pas si on modifie la disposition spatiale ou la nature des éléments.

- Avoir compris que tout nombre s'obtient en ajoutant un au nombre précédent et que cela correspond à l'ajout d'une unité à la quantité précédente.

- Quantifier des collections jusqu'à dix au moins ; les composer et les décomposer par manipulations effectives puis mentales. Dire combien il faut ajouter ou enlever pour obtenir des quantités ne dépassant pas dix.

- Parler des nombres à l'aide de leur décomposition.

- Dire la suite des nombres jusqu'à trente. Lire les nombres écrits en chiffres jusqu'à dix.

## EXPLORER DES FORMES, DES GRANDEURS ET DES SUITES ORGANISÉES

- Classer des objets en fonction de caractéristiques liées à leur forme. Savoir nommer quelques formes planes (carré, triangle, cercle ou disque, rectangle) et reconnaître quelques solides (cube, pyramide, boule, cylindre).
- Classer ou ranger des objets selon un critère de longueur, de masse ou de contenance.
- Reproduire un assemblage à partir d'un modèle (puzzle, pavage, assemblage de solides).
- Reproduire, dessiner des formes planes.
- Identifier le principe d'organisation d'un algorithme et poursuivre son application.

---

[19] *Qui désigne une quantité.*

[20] *Par exemple, pour parler du chiffre 4 : dire le mot « quatre », le reconnaître sur un dé, reconnaître le chiffre 4 à l'écrit.*

# Explorer le monde

Chapitre 6

# EXPLORER LE MONDE

Ce domaine fait écho à la curiosité naturelle des enfants. Dès la naissance, les enfants découvrent le monde qui les entoure : les objets, les matières, les animaux... Ils explorent également l'espace autour d'eux et construisent leurs premiers repères pour se situer dans le temps.

À l'école maternelle, il s'agit de continuer à **stimuler cette curiosité** et de transformer les découvertes spontanées en connaissances plus précises et organisées. L'enseignant aide les enfants à observer, décrire, formuler des questions, manipuler, énoncer clairement ce qu'ils ont appris. Le langage joue un rôle essentiel, comme dans tous les autres domaines d'apprentissage.

## LE TEMPS ET L'ESPACE

Se repérer dans le temps et dans l'espace est un apprentissage long, dépendant de l'âge et de la maturité de l'enfant. À l'école maternelle, l'enseignant met en place des activités qui permettent aux élèves de prendre **des repères simples** liés au rythme de la vie quotidienne et aux espaces qui les entourent.

### LES REPÈRES DANS LE TEMPS

L'apprentissage du temps s'appuie sur les événements qui font partie de la vie de l'enfant (le jour, la nuit, les jours d'école, les jours à la maison, le matin, le déjeuner, l'après-midi, les anniversaires...) pour ensuite s'élargir à d'autres repères : la semaine, le mois, l'année, les saisons, les fêtes traditionnelles...

En début de maternelle, votre enfant travaille d'abord sur la succession des activités dans la journée. Bien souvent, l'enseignant réalise avec ses élèves un emploi du temps en images, à partir de photos des différents moments de classe pour qu'ils puissent se repérer au fur et à mesure de la journée. **La régularité des activités** proposées est rassurante pour les enfants et les aide à installer des repères.

Les enfants découvrent progressivement divers outils pour prendre conscience du temps : différentes formes de calendriers, dont certains seront construits avec eux au fil des jours et des mois, le tableau annuel des saisons, celui des anniversaires. Avec les plus grands, le sablier et la pendule sont aussi utilisés pour observer et mesurer le temps qui passe.

En grandissant, votre enfant saura retrouver des repères dans la semaine, notamment pour les moments qui se répètent de semaine en semaine. Par exemple, le mercredi est le jour où il n'y a école que le matin, le mardi est le jour de la bibliothèque, le vendredi celui de la danse, etc.

Le repérage dans l'année se fera à partir d'événements proches des enfants : les anniversaires des élèves de la classe, les fêtes annuelles, la succession des saisons. Les enfants grandissent et leur propre croissance les aide à **prendre conscience du temps qui passe**.

Le temps plus lointain peut être abordé en parlant de l'enfance de leurs parents ou de leurs grands-parents, ou à travers un projet, autour des dinosaures ou des châteaux forts, par exemple. Il faut cependant garder à l'esprit que la différence entre passé ou futur proches ou lointains reste difficile à appréhender à cet âge-là. Les enfants ne se représentent pas la différence entre « il y a trois mille ans » et « il y a trente ans » ou même, pour les plus jeunes, entre « demain », « hier » et « la semaine prochaine ».

À travers toutes les activités de repérage, l'enseignant insiste beaucoup sur les mots utilisés pour parler d'une activité présente, passée ou future : « aujourd'hui », « hier », « demain », « avant », « après », « tout à l'heure », « maintenant », « plus tard »... Il incite les enfants à verbaliser de façon précise, en utilisant les mots justes.

Les élèves s'entraînent à remettre des événements dans **le bon ordre** : une histoire dont les épisodes ont été mélangés, les photos d'une recette réalisée en classe, le compte rendu d'une sortie. L'enseignant fait ensuite raconter cet événement en veillant à ce que les enfants utilisent des phrases avec le bon vocabulaire et avec le temps des verbes adapté au récit.

## À la maison

*Les jeunes enfants sont souvent très préoccupés par leur emploi du temps. Il est fréquent de les entendre poser tous les jours la même question : « Est-ce que je mange à la cantine, aujourd'hui ? », « Est-ce qu'il y a école toute la journée ? ». C'est tout à fait normal, cela fait partie de cette construction du repérage dans le temps.*

*Vous pouvez rassurer votre enfant en lui créant un emploi du temps simplifié (avec les jours d'école et les jours où il devra manger à la cantine et/ou rester à la garderie) que vous regarderez chaque matin avec lui. N'hésitez pas à lui rappeler s'il déjeune à la cantine ou qui vient le chercher en fin de journée.*

*Vous pouvez aussi habituer votre enfant à raconter quelque chose en utilisant le passé. Prenez par exemple son « cahier de vie », qui contient souvent des photos des activités de la classe, et demandez-lui de vous raconter ce qu'il a fait sur telle ou telle activité, à quel moment cela s'est passé.*

*Vous pouvez aussi regarder avec lui des photos de famille et lui demander de décrire ce qu'il voit en utilisant le passé. Par exemple : « là, je faisais du vélo » ou « j'étais déguisé en clown ».*

## LES REPÈRES DANS L'ESPACE

Le premier objectif de l'école dans ce domaine est de faire vivre aux élèves de nombreuses situations dans lesquelles ils pourront **expérimenter l'espace** qui les entoure et y **prendre des repères**. Les jeunes enfants ont besoin de s'approprier les espaces, de vivre les choses réellement, avec leur corps, pour bien les intégrer.

L'enseignant aidera les élèves à s'approprier l'espace de la classe, de l'école (la cour, la salle de motricité), mais aussi les espaces plus larges qui entourent l'école, comme le quartier ou le village. Il organise des petits parcours, ou des jeux de piste pour que les élèves se familiarisent avec ces différents milieux.

Les élèves peuvent réaliser le plan de la classe ou de la cour et s'en servir pour les chasses au trésor. L'objectif de ces activités est de s'orienter correctement dans l'espace. Là encore, la précision du vocabulaire est très importante. Des mots comme : « en haut », « en bas », « devant », « derrière », « à gauche », « à droite », permettent de prendre des repères, de guider un camarade ou de donner des indices pour situer un objet sur le parcours.

Parallèlement, les élèves apprennent à représenter l'espace en réalisant des maquettes (reproductions en petit format, très simplifiées). Ils comprennent que l'espace en trois dimensions dans lequel ils évoluent peut être représenté aussi en deux dimensions. Pour cela, ils observent des photos, manipulent et réalisent eux-mêmes des schémas, des dessins...

En fin d'école maternelle, les enfants apprennent à **reproduire un parcours** qui a été installé dans la salle de motricité ou dans le préau. Ils peuvent par exemple d'abord observer et prendre des photos de leurs camarades qui enchaînent des actions sur ce parcours. Ils vont ensuite construire une « maquette » de ce parcours avec du matériel miniature et verbaliser chacune des actions et, enfin, dessiner ce parcours en « codant » les déplacements et les actions (avec des flèches ou d'autres symboles).

## À la maison

*Lors d'une promenade à pied, n'hésitez pas à montrer des repères (la boulangerie, le parc, l'église...) et à évoquer le chemin parcouru en arrivant à la maison. Au retour, vous pouvez vous amuser à dessiner le parcours de la promenade en indiquant quelques éléments repérés.*

*Vous pouvez aussi observer un paysage, une image, et inciter votre enfant à situer les différents éléments : à gauche, à droite, au-dessus...*

L'enseignant amène les élèves à passer de l'observation d'un **environnement proche** (la classe, l'école, le quartier) à **un espace plus éloigné** (ville, campagne, mer, montagne). Il est évidemment difficile d'organiser des sorties ou des séjours scolaires pour visiter chacun de ces milieux, mais l'observation peut se faire à partir de documents photo, de vidéos ou d'objets représentatifs d'un lieu, d'une culture, d'un pays, apportés par l'enseignant ou par les élèves. Les enfants apprennent à observer, à décrire, à catégoriser, à se repérer, à nommer en utilisant un vocabulaire précis.

À partir d'un projet ou en s'appuyant sur le vécu des élèves de la classe, la découverte d'autres pays est encouragée autant que possible, pour que les enfants comprennent qu'il existe d'autres cultures, d'autres milieux de vie. Cette découverte peut se faire en parallèle à la sensibilisation aux langues étrangères (apprendre quelques mots, écouter des chants...).

## À la maison

*Si vous partez en vacances ou si vous visitez un endroit particulier, proposez à votre enfant d'apporter quelques souvenirs à l'école : une carte postale, un dépliant touristique, des coquillages, des pierres, des photos... Il devra alors raconter ce qu'il a découvert, expliquer où il est allé... Ce sera l'occasion pour les autres élèves de découvrir de nouveaux environnements, à travers le petit exposé de votre enfant. En général, les enfants sont très intéressés par ce qu'apportent leurs petits camarades !*

Avec les plus grands, on commence à s'intéresser aux activités humaines : pourquoi et comment les hommes ont-ils construit des habitations, des commerces, des ponts, des routes, aménagé des parcs ? Mais aussi : quelles sont les conséquences de l'activité humaine sur l'environnement, et comment limiter la pollution et la dégradation de l'espace public ? L'enseignant profitera de toutes les occasions pour éduquer **aux premiers gestes éco-citoyens** (trier les déchets, ne pas laisser les robinets d'eau ouverts...).

**Une clé en plus**

*Les enfants sont particulièrement sensibles à la préservation de l'environnement. Ils sont souvent choqués et attristés par la pollution et ses conséquences quand on leur en fait prendre conscience. Si les enfants sont habitués à voir des adultes respecter des gestes écologiques, ils intégreront naturellement des comportements citoyens en grandissant.*

## LE MONDE DU VIVANT, DES OBJETS ET DE LA MATIÈRE

### DÉCOUVRIR LE MONDE DU VIVANT POUR MIEUX LE COMPRENDRE ET LE RESPECTER

Découvrir le monde du vivant, c'est s'intéresser aux êtres vivants à travers **l'observation de la vie des plantes, des animaux et des hommes**. Les élèves apprennent à distinguer ce qui est vivant de ce qui ne l'est pas. Pour cela, il faut qu'ils prennent conscience que tous les êtres vivants suivent un cycle de vie : ils naissent, grandissent, se reproduisent et meurent.

L'observation directe est toujours privilégiée. Le professeur peut installer un coin dans la classe pour faire pousser des plantes ou créer un élevage d'insectes. Régulièrement (chaque jour ou chaque semaine), **les élèves observent, décrivent et dessinent** ce qui a changé. Ils prennent éventuellement des photographies de ces changements pour se rendre compte de l'évolution de ce qu'ils observent. D'autres sujets sur le monde du vivant sont abordés à l'aide de ressources documentaires (livres, affiches, vidéos...).

Pour comprendre le monde, les élèves peuvent classer les êtres vivants selon différents critères : les animaux qui ont des poils, des plumes ou des écailles, etc. C'est également l'occasion de les sensibiliser au respect des animaux, des plantes et de la nature en général.

### Une clé en plus

*Les enfants sont en général passionnés par les animaux, sensibilisez-les à la nécessité de bien les traiter. Ils transfèrent parfois sur eux des émotions humaines, ils peuvent par exemple trouver qu'un chien a l'air triste !*

*Si vous en avez la possibilité, emmenez votre enfant à la rencontre d'animaux, à la ferme, au zoo... Ce sera l'occasion de le sensibiliser à leurs conditions de vie.*

Concernant le corps humain, les enfants apprennent à identifier et à nommer les principales parties du corps (la tête, les bras, les jambes, le ventre...). Ils commencent à percevoir l'importance de certaines fonctions (la respiration, la nutrition, la digestion...) et découvrent l'importance de **prendre soin de leur corps** pour le garder en bonne santé (manger équilibré, se coucher à heure régulière, se laver les dents, faire du sport...).

### À la maison

*En tant que parent, votre rôle est fondamental pour aider votre enfant à mener une vie saine et équilibrée, afin qu'il profite au maximum de ses journées et développe toutes ses capacités !*

*Un bon sommeil est primordial. Si vous rentrez un peu tard et que vous souhaitez tout de même « profiter » de votre enfant, essayez de passer avec lui un moment court (trente minutes) mais exclusif plutôt que de trop retarder son coucher. Vous pouvez faire une petite activité tous les deux (jouer calmement, lire un livre, l'écouter raconter sa journée).*

*Une alimentation équilibrée et limitée en sucres et en produits industriels est également nécessaire à son bon développement.*

*Pour être en forme, votre enfant a besoin de bouger et de se dépenser, mais il est important qu'il ait aussi des moments pour lui, au calme, pour laisser son imaginaire se développer et même pour s'ennuyer. Ne culpabilisez surtout pas de lui laisser des temps libres, certains enfants ont parfois un emploi du temps surchargé parce qu'ils pratiquent de nombreuses activités en dehors de l'école.*

À l'école, les élèves approfondissent et enrichissent leurs connaissances sur **les cinq sens**, la vue, l'ouïe, l'odorat, le toucher et le goût. Au travers de nombreux jeux et activités de reconnaissance, ils apprennent à nommer le monde qui les entoure (objets du quotidien mais aussi animaux et plantes), ils doivent retrouver deux matières similaires au toucher, identifier une odeur, repérer deux sons identiques, participer à des moments de dégustation ou faire la cuisine… Si l'enseignant travaille avec ses élèves sur le toucher, il peut par exemple leur demander de regrouper tout ce qui est rugueux ou tout ce qui est lisse. Lors d'une activité sur l'ouïe, les élèves essaieront de ranger des sons du plus aigu au plus grave. S'ils travaillent sur le goût, ils trieront ce qui est sucré, ce qui est salé, et réaliseront une affiche avec deux colonnes : d'un côté les photos d'aliments salés, de l'autre celles des aliments sucrés.

## EXPLORER LA MATIÈRE POUR DÉCOUVRIR COMMENT ELLE « RÉAGIT »

Là encore, ce sont d'abord des manipulations directes sur les matériaux qui sont privilégiées. Dès la petite section, les élèves s'exercent à transvaser, malaxer, mélanger, transporter, modeler, tailler, couper, assembler, transformer... Ils observent l'effet de ces actions sur des matières naturelles – eau, sable, terre, bois... – et sur des matières fabriquées par l'homme : papier, carton, tissu, etc. Ces activités sont accompagnées d'un enrichissement du vocabulaire dont le niveau évolue au fur et à mesure de la scolarité. Ils apprennent ainsi à utiliser des mots précis : « ça coule », « ça roule », « ça se déchire », « ça fond », « ça résiste », « c'est rigide », « c'est mou »...

Les enfants peuvent également observer **quelques transformations de la matière** : l'eau qui se transforme en glace puis qui fond, le sucre qui se dissout dans l'eau, les aliments qui changent d'aspect lorsqu'on les cuisine. Ces situations permettent aux enfants de se questionner, d'émettre des hypothèses, de comparer des expériences et de classer les matières en fonction de certaines qualités.

Pour découvrir **certaines propriétés de la matière**, les élèves testent différents objets mis à leur disposition. De l'observation de ces objets émergent des questions. Par exemple : pourquoi est-ce que cet objet coule dans l'eau ? Pourquoi celui-ci flotte-t-il ? Les enfants échangent alors leurs hypothèses. En général, ils disent que c'est parce que c'est lourd ou léger. L'enseignant relance le questionnement en donnant l'exemple d'un bateau (un vrai !) : c'est quelque chose de très lourd et pourtant, ça ne coule pas ! Il leur propose alors d'autres expériences pour qu'ils découvrent que la flottaison dépend aussi de la matière (métal, bois...) et de la forme de l'objet.

## À la maison

*La cuisine est un bon endroit pour observer la transformation de la matière : n'hésitez pas à faire participer votre enfant à la préparation des repas ! Il pourra par exemple observer les blancs d'œufs qui se transforment « en neige », une pâte à cake liquide qui devient solide en cuisant...*

*Vous pouvez aussi le laisser manipuler librement du carton, du tissu ou une autre matière pour qu'il découvre lui-même comment réagit chaque matériau quand on essaye de le plier, de le déchirer ou de lui faire prendre une forme.*

*Autant que possible, laissez-le jouer avec l'eau, le sable, la terre : il y prendra non seulement beaucoup de plaisir, mais il apprendra aussi plein de choses sur la matière ! Vous pouvez par exemple lui installer une petite bassine avec des récipients de différentes tailles, un gobelet, un entonnoir...*

## UTILISER, FABRIQUER, MANIPULER DES OBJETS POUR MIEUX S'EN SERVIR ET COMPRENDRE LEUR FONCTIONNEMENT

En découvrant de nouveaux objets, votre enfant améliore **son habileté à réaliser de nombreuses actions** : coller, enfiler, assembler, actionner, boutonner, découper, équilibrer, tenir un feutre ou un pinceau, plier, utiliser un gabarit, manipuler une souris d'ordinateur, agir sur une tablette numérique... Il est encouragé à rechercher lui-même l'outil et la technique les plus adaptés à un projet proposé par l'enseignant. Par exemple, comment attacher deux bouts de bois ensemble ? Il peut essayer de les attacher avec une ficelle, de la colle, du scotch, un clou (avec l'aide d'un adulte !)... Puis il choisit la solution qui lui paraît la plus pratique.

Les montages et démontages dans les jeux de construction, l'étude détaillée d'un objet, permettent aux élèves **une première familiarisation avec le monde de la technologie** : comment s'allume la lampe électrique ? À quoi sert cette vis ? Pourquoi y a-t-il une poignée ? La fabrication d'objets motive les élèves (moulinet, pantin, bâton de pluie etc.). L'utilisation de certains outils permet de les sensibiliser à des phénomènes physiques qu'ils étudieront plus tard : les aimants, les balances, les miroirs, les engrenages...

Tout au long de ces activités de manipulation et d'observation, l'enseignant met en place un cadre qui garantit la sécurité des élèves. Ils sont ainsi sensibilisés aux risques liés à l'utilisation de l'électricité et d'objets tranchants, ce qui peut aider à prévenir des accidents domestiques.

## À la maison

*N'hésitez pas à faire participer votre enfant à la découverte d'un nouvel objet et éventuellement à son montage en utilisant le mode d'emploi. Échangez avec lui sur le fonctionnement des objets du quotidien (un presse-agrumes, une essoreuse à salade, un lecteur CD...).*

*Pour sensibiliser votre enfant aux risques liés aux accidents domestiques, pensez à bien lui expliquer les dangers et les règles de sécurité, il sera ainsi plus vigilant.*

### UTILISER DES OUTILS NUMÉRIQUES

Les enfants d'aujourd'hui manipulent des téléphones portables, des ordinateurs, des appareils photo numériques, des tablettes dès leur plus jeune âge, et ils apprennent étonnamment vite à s'en servir ! Le rôle de l'école est donc avant tout de faire comprendre aux enfants à quoi servent ces outils et comment bien les utiliser. Sur l'ordinateur ou sur la tablette, des jeux adaptés à l'âge des enfants peuvent leur permettre de **s'entraîner de façon ludique** à certains apprentissages : reconnaître des lettres, écrire des mots, se repérer dans un quadrillage ou un labyrinthe...

Les enfants peuvent également **communiquer** avec des élèves d'une autre école en leur envoyant des e-mails ou en enregistrant des messages vocaux. Cette correspondance se fait toujours en groupe et sous la conduite de l'enseignant.

## Une clé en plus

*Concernant Internet et plus généralement les écrans qui ont tendance à fasciner les enfants, votre rôle est capital : veillez à limiter le temps passé par votre enfant derrière un écran. Ne le laissez pas naviguer seul sur Internet. Pensez à utiliser le contrôle parental[21] et des moteurs de recherche adaptés aux enfants.*

*N'oubliez pas que votre enfant, surtout avant 6-7 ans, développe avant tout ses capacités intellectuelles en manipulant, en bougeant, en utilisant ses cinq sens et son imagination, et en communiquant avec les autres par le langage.*

Flashez ce code pour regarder une vidéo sur le thème abordé.

## CE QUI EST ATTENDU DES ENFANTS EN FIN DE MATERNELLE

### LE TEMPS ET L'ESPACE

- Situer des événements vécus les uns par rapport aux autres, les repérer dans la journée, la semaine, le mois ou une saison.
- Ordonner une suite de photographies ou d'images pour rendre compte d'une situation vécue ou d'un récit fictif entendu, en marquant de manière exacte succession et simultanéité.
- Utiliser des marqueurs temporels adaptés (puis, pendant, avant, après...) dans des récits, descriptions, ou explications.
- Situer des objets par rapport à soi, entre eux, par rapport à des objets repères.

21 *http://eduscol.education.fr/internet-responsable/les-tic-et-lecole/maitriser-lusage-des-reseaux/le-filtrage-de-contenu.html*

- Se situer par rapport à d'autres, par rapport à des objets repères.
- Dans un environnement bien connu, réaliser un trajet, un parcours, à partir de sa représentation (dessin ou codage).
- Élaborer des premiers essais de représentation plane, communicables[22] (construction d'un code commun).
- Orienter et utiliser correctement une feuille de papier, un livre ou un autre support d'écrit, en fonction des consignes, d'un but ou d'un projet précis.
- Utiliser des marqueurs spatiaux adaptés (devant, derrière, droite, gauche, dessus, dessous...) dans des récits, descriptions ou explications.

## LE MONDE DU VIVANT, DES OBJETS, DE LA MATIÈRE

- Reconnaître les principales étapes du développement d'un animal ou d'un végétal, dans une situation d'observation du réel ou sur une image.
- Connaître les besoins essentiels de quelques animaux et végétaux.
- Situer et nommer les différentes parties du corps humain, sur soi ou sur une représentation.
- Connaître et mettre en œuvre quelques règles d'hygiène corporelle et d'une vie saine.
- Choisir, utiliser et savoir désigner des outils et des matériaux adaptés à une situation, à des actions techniques spécifiques (plier, couper, coller, assembler, actionner...).
- Réaliser des constructions, construire des maquettes simples en fonction de plans ou d'instructions de montage.
- Utiliser des objets numériques : appareil photo, tablette, ordinateur, téléphone.
- Prendre en compte les risques de l'environnement familier proche (objets et comportements dangereux, produits toxiques).

[22] *Les essais de représentation des formes simples (carré, rectangle, triangle, cercle) donnent lieu à des échanges entre les enfants pour construire peu à peu un vocabulaire géométrique précis.*

# Conclusion

Comme beaucoup d'autres, votre enfant va vivre à l'école maternelle sa première expérience de la vie en collectivité. Durant ces trois ou quatre années, il va apprendre à vivre et à travailler avec les autres, à construire progressivement son identité d'élève, à affirmer sa personnalité, à avoir de plus en plus confiance en lui, à découvrir le plaisir d'apprendre et à satisfaire sa curiosité sous le regard bienveillant des enseignants.

En tant que parent, vous pouvez, si vous en avez le temps, si vous en avez l'envie, vous impliquer dans l'école de votre enfant. Vous pouvez proposer à l'enseignant de vous associer à la vie de la classe ou de l'école pour accompagner une sortie, participer à un atelier (de lecture, de peinture...), à la préparation et à l'organisation des moments importants de la vie de l'école (fête d'école, spectacles...). Vous pouvez aussi participer à la vie de l'école en vous présentant aux élections des représentants des parents d'élèves pour participer au conseil d'école.

L'école est un milieu stimulant et rassurant dans lequel votre enfant est sollicité pour agir et pour apprendre. La richesse, la diversité et l'organisation des situations données à vivre à l'école favorisent les apprentissages. Elles sont également conçues pour entretenir le plaisir d'apprendre. Des modalités adaptées à son âge et à sa maturité lui permettent de progresser à son rythme. La scolarisation à l'école maternelle est déterminante dans la réussite scolaire de votre enfant. Il y acquiert les bases qui lui permettront de s'engager sereinement dans les apprentissages du CP et des années scolaires suivantes.

# POUR ALLER PLUS LOIN

FAURY Christiane et FERRAND Marie-Françoise,
**Les 2-3 ans à l'école,** Canopé Éditions, coll. « Éclairer », 2015.

*Un ouvrage pour comprendre les activités proposées en petite section de maternelle et les apprentissages qui en découlent.*

LALOUX Cécile, **Les Nouveaux Rythmes en maternelle,** Canopé Éditions, coll. « Éclairer », 2014.

*Un ouvrage pour comprendre la réforme des rythmes scolaires et sa mise en place à l'école maternelle.*

BOUCHERON Valérie, LA MOAL Cathy, LAUREN Jessica, TISSERON Serge, **Qui voilà ? Et coucou nous voilà !**, Canopé Éditions, coll. « Agir », 2015.

*Un DVD de quinze petits films pour parler des situations de la vie quotidienne.*

Association Triolet 59-62, **Le Triolet des petits**, Canopé Éditions, 2011.

*Un album CD à regarder, à lire, à écouter et à chanter.*

DECOURT Nadine et DROUET Jeanne, **Les Quatre saisons de Léon**, Canopé Éditions, 2013.

*Quatre films d'animation de vingt minutes chacun (un pour chaque saison), pour sensibiliser les enfants à des thèmes comme la fratrie, l'amour, la séparation, le deuil...*

GUITTON Michèle, VOUHÉ Annette et RENAULT-GIRARD Sylvie, **Découvrir les quantités et les nombres avec des albums**, Canopé Éditions, 2008.

*Un ouvrage qui met en perspective récits littéraires et apprentissages sur les nombres de la petite section à la grande section de maternelle.*

ELSCHNER Géraldine et KLAUSS Anja, **Petit Noun**, Canopé Éditions, 2012.

*Un album pour découvrir une œuvre d'art.*

LELEU-GALLAND Ève, **L'école maternelle, quels piliers pour la refondation ?**, Canopé Éditions, coll. « Maîtriser », 2015.

*Un ouvrage pour comprendre l'organisation et les enjeux de l'école maternelle.*

# INDEX

## Crédits photographiques

### Qu'est-ce que l'école maternelle ?

P. 13 : © ChiccoDodiFC/Fotolia
P. 25 : © Christopher Futcher/Istock

### Développer le langage

P. 33 : © Robert Kneschke/Fotolia
P. 34 : © Oksana Kuzmina/Fotolia
P. 40 : © sjhuls/Fotolia

### Vivre des activités physiques

P. 47 : © kristall/Fotolia
P. 49 : © kristall/Fotolia

### Pratiquer des activités artistiques

P. 56 : Activités graphiques à l'école maternelle, Noëlle Bardot © Canopé académie de Besançon, 2003
P. 58 : Productions des élèves de l'école maternelle d'application Helvétie de Besançon, tirées d'*Activités graphiques à l'école maternelle. Premiers pas dans les arts visuels*, Béatrice Laurent © Canopé académie de Besançon, 2012
P. 59 : École primaire de Mougon (79), figure *in Arts visuels & Objets*, Michèle Guitton © Canopé académie de Poitiers 2008
P. 61 : © fatihhoca/Istock

### Découvrir les « mathématiques »

P. 67 : © Mermet/Photononstop
P. 73 : © nadezhda1906/Fotolia
P. 74 : © Tom Stewart/Flirt/Photononstop

### Explorer le monde

P. 81 : © Pavel Losevsky/Fotolia
P. 87 : © mmphoto/Fotolia
P. 90 : © Wiktor Rzezuchowski/Istock

# NOTES PERSONNELLES

# À DÉCOUVRIR

## RÉSEAU CANOPÉ PROPOSE UNE SÉLECTION DE RESSOURCES POUR VOUS ACCOMPAGNER

**LES 2-3 ANS À L'ÉCOLE**

Comment préparer l'entrée à l'école maternelle de votre enfant ? Comment adapter l'école et ses pratiques à son rythme et à ses besoins ?

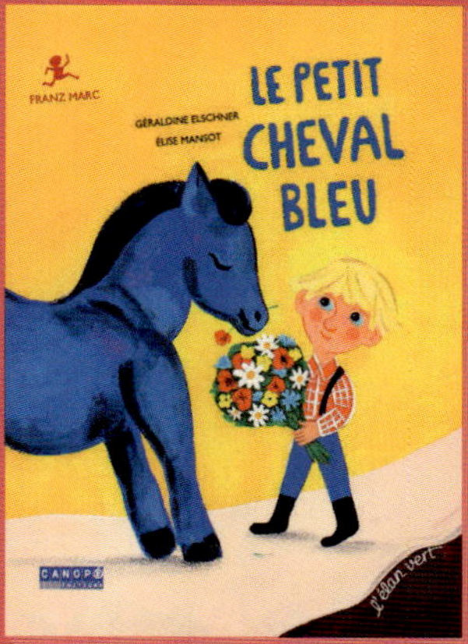


**LE PETIT CHEVAL BLEU**

Un album pour faire découvrir les couleurs aux jeunes enfants à travers l'œuvre du peintre Franz Marc.

**Information et commande :**
- reseau-canope.fr
- Les Ateliers Canopé
  adresses sur reseau-canope.fr/nous-trouver
- La Librairie Canopé
  13, rue du Four | 75006 Paris (Métro Mabillon)
  N° vert : 0 800 008 212

RESEAU-CANOPE.FR
CANOPÉ
LE RÉSEAU DE CRÉATION ET D'ACCOMPAGNEMENT PÉDAGOGIQUES

Plus de ressources et de services
**reseau-canope.fr**

Les incollables®

# Toutes les notions essentielles de la maternelle !

Graphisme

Logique

Langage

Observation

1 feutre
et son bouchon effaceur

playBac

Dépôt légal : juin 2016
Cet ouvrage a été imprimé chez Novoprint en Espagne.

FSC
www.fsc.org
MIXTE
Papier issu
de sources
responsables
FSC® C019520